CONSIDÉRATIONS PHILOSOPHIQUES

SUR LES RAPPORTS

DES SCIENCES MÉDICALES AVEC LA MORALE RELIGIEUSE ET SOCIALE.

PAR

A. MAYDIEU

MÉDECIN A ARGENT (CHER)

« La philosophie a eu tort de ne pas
» descendre plus avant dans l'homme
» physique; c'est la que l'homme mo-
» ral est caché : l'homme extérieur
» n'est que la saillie de l'homme inté-
» rieur. »   (DUPATY.)

« C'est par la médecine seule qu'on
» arrivera à quelques connaissances
» positives sur la nature humaine. »
                    (HIPPOCRATE.)

A ARGENT (CHER), CHEZ L'AUTEUR.

—

1861

CONSIDÉRATIONS PHILOSOPHIQUES

SUR LES RAPPORTS

DES SCIENCES MÉDICALES AVEC LA MORALE RELIGIEUSE ET SOCIALE.

POUR PARAITRE PLUS TARD.

Du même auteur.

SENSATIONS PHYSIQUES ET MORALES :
Leur influence sur la santé.

LES PASSIONS
Aux différentes époques de la vie, et leurs conséquences.

LE PRÊTRE ET LE MÉDECIN
Au chevet de la douleur.

ORLÉANS. — IMPRIMERIE MASSON-MASSON, PLACE DU MARTROI.

CONSIDÉRATIONS PHILOSOPHIQUES

SUR LES RAPPORTS

DES SCIENCES MÉDICALES AVEC LA MORALE RELIGIEUSE ET SOCIALE.

PAR

A. MAYDIEU

MÉDECIN A ARGENT (CHER)

« La philosophie a eu tort de ne pas
» descendre plus avant dans l'homme
» physique; c'est là que l'homme mo-
» ral est caché : l'homme extérieur
» n'est que la saillie de l'homme inté-
» rieur. »   (DUPATY.)

« C'est par la médecine seule qu'on
» arrivera à quelques connaissances
» positives sur la nature humaine. »
                    (HIPPOCRATE.)

A ARGENT (CHER), CHEZ L'AUTEUR.

1861

Depuis que la liberté s'est levée glorieuse et puissante sur le monde moderne, qu'elle a émancipé les intelligences et rendu les peuples propriétaires de leurs droits légitimes ; la société, on travail d'idées et de réalisations, jette chaque jour de nouveaux jalons sur les routes de l'avenir ; elle ouvre une vaste carrière aux sciences et aux arts, à l'agriculture et au commerce, et prépare par ses travaux le bien-être des multitudes dont le sort avait été trop négligé par les âges précédents : en un mot elle couvre la terre des bienfaits de la civilisation. C'est une régénération complète de ce monde matériel et abruti qui voulait naguère encore tout concentrer dans les sens et ne rien voir au-delà. La presse tend à réunir les peuples dans la même communion de pensées et de sentiments ; elle bat en brèche les remparts du despotisme, et si quelques-uns résistent encore à son action puissante, ils sont du moins fortement ébranlés, et un léger effort suffira pour les abattre. Les armes, au besoin, aideront au triomphe des principes immortels sur lesquels repose désormais le droit nouveau : témoins cette guerre d'Orient où l'absolutisme barbare s'est vainement débattu, il y a six ans, dans les étreintes puissantes de la liberté qui combattait sous les drapeaux de l'Occident ; et cette dernière guerre d'Italie où l'idée moderne a triomphé du moyen-âge. L'heure approche où l'Europe affranchie par les idées ne formera plus qu'une seule famille qui grandira sous l'empire des mêmes lois et des mêmes institutions. La vapeur fait tomber de jour en jour les barrières qui semblaient séparer à jamais les nationalités ; la télégraphie électrique qui fait circuler la pensée d'une frontière à l'autre avec la rapidité de la foudre rend plus prochaine encore cette fraternité universelle des peuples que l'avenir porte dans ses flancs.

Eh bien ! ces deux messies de l'union et de la prospérité ne sont autre chose que la foi et la liberté qui inspirent de nouveau les jeunes générations à leur entrée dans la vie. Ces deux vertus assurent le bonheur de l'homme et partant le salut des nations. Un simple regard sur le passé nous montrera ce qu'ont produit la servitude et l'incrédulité chez ceux qui leur ont donné asile. Le réveil de la foi est le signal de cette résurrection morale qui s'opère dans toutes les parties du corps social. La liberté est sœur de l'espérance ; elles ne peuvent vivre isolées ; Dieu les a données toutes deux à l'homme pour compagnes ; et ce n'est qu'autant qu'il s'appuiera sur elles, que celui-ci, de même que les nations pourront traverser avec calme, gloire et bonheur, la période d'existence qui leur a été marquée dans les limites du temps.

Depuis soixante siècle l'histoire a vu passer bien des peuples devant elle. Les uns ont accompli leurs destinées dans la carrière des armes, les autres dans celle des sciences et des arts. Mais ils sont tombés pour la plupart, parce qu'ils étaient sans foi et sans liberté. Où sont les Macédoniens et les Perses, les Romains et les Carthaginois, ces races de héros qui se sont disputé tour à tour l'empire du monde ? Ils ont foulé aux pieds la foi et la liberté, et celles-ci ont arboré leur drapeau sur les cendres de leurs insolents contempteurs. Et ce brillant peuple de la Grèce, berceau des arts, d'où s'échappaient ces fleuves d'harmonie qui fertilisaient le champ de la science, ce peuple dont le nom a rempli l'univers lettré, qu'est-il devenu ? Interrogez-le, et il vous répondra que l'incrédulité et l'esclavage seuls ont scellé sa tombe.

Dans un temps qui n'est peut-être pas éloigné, l'histoire nous retracera l'oraison funèbre des nations modernes qui persistent à maintenir encore leurs sujets dans la servitude corporelle et spirituelle, malgré la sublime morale et les préceptes du Christ.

En entrant dans le monde le Christianisme secoua les chaînes du passé ; il donna la puissance et la vie aux peuples qui eurent foi en lui, et ces peuples, quelque soit le chiffre de leur puissance, ont plus ou moins pris racine dans les sociétés politiques selon le degré de foi et de liberté qui les a animés. Sans doute les faibles peuvent être opprimés par les forts, l'histoire nous en donne de terribles exemples ; mais les premiers ne périront pas tant que leur cœur abritera un rayon d'espérance ; nous en avons pour garants la constance et l'héroïsme de ces Israélites modernes (1) qui luttent avec une ardeur toujours nouvelle contre le despotisme de Pharaons implacables. La foi fait les martyrs et la liberté les héros : voilà pourquoi un peuple qui possède ces deux vertus ne doit point périr et ne périra pas. Il est comme l'hydre de la fable qui voit renaître ses têtes au fur et à mesure qu'on les lui coupe.

A la fin du siècle dernier et au commencement de celui-ci, la société, en travail de rénovation, s'est trouvée pendant quelque temps sous l'influence d'une éclipse morale provoquée par des causes que nous ne relaterons pas ici. Un matérialisme un peu cru, préconisé par quelques hautes intelligences, semblait vouloir se substituer au spiritualisme. Mais elle ne fut pas de longue durée cette époque où l'éducation s'efforçait de réaliser un état social en dehors des idées morales et chrétiennes qui font la grandeur des Etats civilisés.

« Le sentiment chrétien, dit un auteur de nos jours, commence à réchauffer le cœur de cette société, dans les veines de laquelle le dogmatisme philosophique avait fait circuler le

(1) Les Polonais.

froid du tombeau ; les intelligences nagent dans les fraîches eaux de la croyance ; elles ouvrent leurs voiles aux vents qui doivent les pousser au port, et le monde moral, secouant les ténèbres glacées qui l'enveloppent, crie au scepticisme : « Ote-toi de mon soleil ! »

Eh bien ! c'est le même cri que la foi et la liberté font entendre au matérialisme qui voulait couvrir la terre de corps sans âme et sans volonté, afin de la livrer plus facilement au despotisme ; aux ennemis des principes libéraux qui s'efforcent de ramener l'homme vers la barbarie et la servitude ; aux sciences immorales qui, en égarant les esprits dans les sentiers tortueux de l'erreur, plongent les âmes dans le malaise, le désespoir et la mort ; — elles ont tendu la main au monde nouveau, en lui disant : lève-toi et marche ! Et celui-ci, nouveau Lazare, s'est levé, et il marche vers son avenir, riche d'espérance, de liberté, de paix et d'union.

Un des organes de l'opinion (1) disait, il y a déjà quatorze ans : « L'époque actuele est mûre pour l'alliance de la religion et de la liberté ; cette alliance sera le gage du salut de l'une et de l'autre, le principe de l'émancipation des peuples et la restauration des nationalités. »

Dieu, l'auteur de toutes choses, se réjouit de ce que l'homme sait utiliser par son génie tous les biens qu'il a mis à sa disposition ; il ne l'a point créé pour habiter les ténèbres. L'homme est semblable à l'aigle, ce roi du peuple ailé, qui plane continuellement dans les hauteurs et ne descend sur la terre que pour y prendre sa nourriture. Il ne pose sa tente que sur les cimes, sur les rochers les plus escarpés ; la terre, il la méprise : à peine s'est-il abaissé jusqu'à elle pour la satisfaction de ses besoins qu'il déploie de nouveau ses ailes audacieuses, et vite comme la foudre, prompt comme l'éclair, il s'élance dans les cieux, et fixant son regard au front du soleil, il lui demande de le couronner de ses rayons. Tel est l'homme. Lui aussi n'est sur la terre que pour les nécessités de son corps ;

---

(1) *Courrier Français* du 12 octobre 1847.

son esprit doit habiter sans cesse les hauteurs de l'intelligence, et il ne doit descendre dans le domaine de la matière que pour y puiser l'élément essentiel à sa nature.

Ces réflexions faites, arrivons au but que nous nous proposons, qui est de payer notre tribut d'hommages à ce progrès régénérateur qui se réalise en faveur des bons principes moraux et sociaux.

Certains esprits imbus des principes du rationalisme et du matérialisme qui ont régné au commencement de notre siècle ont voulu poser des barrières infranchissables entre le Christianisme et la société, entre les sciences et la morale de l'Evangile, entre les dogmes et les droits de l'homme. De nombreuses intelligences ont réellement cru à ces incompatibilités ; de là tant de haines et de préjugés. Et ce sont les sciences médicales surtout, ces sciences qui nous conduisent à la connaissance de l'homme et partant à celle de Dieu, que l'on a voulu représenter comme les ennemies irréconciliables de la morale religieuse. Nous venons essayer de prouver le contraire en montrant les rapports intimes qui unissent le principe moral avec la médecine. Ces deux leviers qui remuent l'âme et le corps ne doivent pas être étrangers l'un à l'autre, puisque l'esprit et la matière mariés par un mystère incompréhensible ne peuvent être mis en activité sans un concours mutuel. La morale préside à l'éducation des idées et la médecine à celle des sens : comment deux sciences qui sont appelées au même but, c'est-à-dire à la perfection de l'homme et à sa conservation, vivraient-elles, en apparence, dans un désaccord démenti par le fait? Car, on a beau faire, les plus belles théories de l'art sont souvent impuissantes pour calmer la douleur, si elles ne sont appuyées sur une idée morale qui, la plupart du temps, donne à la thérapeutique l'efficacité que lui refuse la vertu de la plante. L'expérience vient chaque jour confirmer ce que nous avançons.

Depuis un demi siècle, les sciences médicales ont progressé d'une manière considérable, c'est un fait incontestable ; elles ont sondé les derniers replis de la nature humaine, mis à nu les secrets les plus intimes de l'organisme, et enrichi la thérapeutique de brillantes découvertes qui déconcertent souvent les maladies les plus rebelles. Tout le monde connaît ces merveilleuses inventions de nos jours, qui, en éteignant la sensibilité, ont vraiment fait un jeu des plus terribles opérations chirurgicales. Mais ce n'est pas tout que d'avoir pénétré tous les mystères de la matière, d'avoir poussé le mal physique dans ses derniers retranchements, il faut aussi compter avec le mal moral bien plus terrible dans ses effets, et c'est ici que la médecine doit faire place à la morale pour dompter la douleur ; car la première n'atteint que les organes, tandis que la seconde, soulevant tous les voiles de la pensée, va cicatriser les plaies profondes de la conscience et du cœur. Eh ! que fait le médecin, la plupart du temps, quand il est mandé au chevet de la souffrance ? Il se hâte d'interroger sur les causes de la maladie, et quand il les a bien connues, s'il comprend son devoir, l'intérêt de sa réputation et celui de son malade, il fait usage des consolations morales, car il sait bien qu'une fois l'esprit calmé, une heureuse influence réagira sur les organes. Le médecin remplit véritablement alors les fonctions de prêtre, il est prêtre lui-même puisqu'il s'adresse à l'âme. La philosophie morale et la médecine ne sont donc pas si étrangères l'une à l'autre qu'on veut bien le dire ; au contraire elles se prêtent un mutuel appui pour consoler et soulager le malheur.

La religion et la médecine nous montrent l'homme occupant la première place au sommet de l'échelle zoologique : l'une nous révèle ses facultés morales, l'autre ses facultés physiques. Nous allons donc étudier l'homme au point de vue physique et moral, et c'est à la lueur du flambeau de la philosophie morale et de la médecine que nous parcourons les sentiers escarpés de l'organisme et de l'âme, afin d'acquérir de nouvelles connaissances sur ces régions visitées avec tant de charme par l'esprit humain.

Dans la première partie de ce travail nous prenons l'homme à l'état de la simple nature animale, et sans nous occuper de son âme, nous parcourons un à un tous les degrés de son organisation. Tant de combinaisons et de complications admi-

rables dans la machine humaine, nous amènent insensible
ment, et comme malgré nous, à la connaissance du princip
de toutes choses. Le hasard, ce mot vide de sens, nous paraî
aveugle et impuissant en présence du magnifique spectacle d
l'organisme humain. Cette étude résout, elle seule, le pro
blème d'une intelligence souveraine et créatrice. L'homm
est, donc Dieu est : voilà ce que nous prouvent également la
religion et la médecine. Celui qui étudie consciencieusemen
toutes les branches de cette dernière science, ne peut pas s'em
pêcher, à moins qu'il ne soit sous l'empire du préjugé, d'é
mettre la conclusion que nous avons énoncée. Il est même im
possible, quelles que soient les opinions individuelles de l'in
vestigateur anatomiste, qu'il ne s'incline pas d'admiration
devant les merveilles renfermées dans le corps de l'homme
L'anatomie est la clé qui nous ouvre le trésor des bienfaits d
la Providence à l'égard de l'homme physique.

Mais ce n'est pas tout que de contempler les magnificence
extérieures de ce temple élevé par la main de Dieu ; il fau
aussi pénétrer dans l'intérieur, pour en examiner les beauté
en détail, et c'est la physiologie qui nous introduit dans c
sanctuaire où brûle le flambeau de la vie.

Dans la seconde partie de ce travail, nous allons à la re
cherche du principe de vie qui nous anime. Vainement o
ceindrait un pays de voies de fer, vainement on placerait su
ces voies des machines aux mille ressorts variés, le spectacl
et l'action seraient incomplets, si le feu ne venait donner
tout cela le mouvement et la vie. Il en est de même du corp
humain : Dieu n'aurait accompli qu'une œuvre imparfaite e
inutile, si après avoir doté l'homme de tant de richesses orga
niques, il ne l'avait pas animé de son propre souffle. Cett
étincelle divine communiquée à l'organisme, c'est l'âme ; c'es
elle qui le vivifie, qui lui donne un si grand pouvoir sur tout
la nature, et qui place l'homme au-dessus de tous les être
créés.

La physiologie et la philosophie nous ont élevé à ces haut
considérations, et c'est la physiologie elle-même que nous op
posons aux médecins matérialistes.

I.

ÉTUDE PHYSIQUE DE L'HOMME.

**L'Anatomie et la Physiologie considérées au point de vu
philosophique et religieux prouvent l'existence de Dieu.**

Les philosophes de l'antiquité avaient gravé sur le frontis
pice du temple de Delphes cette magnifique sentence : γνωθ
σεαυτον, connais-toi toi-même. L'Evangile est venu sur la terre
et il nous a appris à nous connaître nous-mêmes. La philoso
phie moderne repose presque uniquement sur la connaissanc
de l'homme ; car quand on connaît bien celui-ci, on connaî
celui qui l'a fait : l'œuvre trahit l'ouvrier, a dit justement un
grand poète.

L'étude de l'homme est donc la science la plus sublime e
la plus profonde ; depuis l'origine des temps elle a occupé tou

es esprits qui pensent, et elle les occupera jusqu'à ce que la main qui a fait les siècles ait couché dans la tombe les dernières générations. L'homme est le chef-d'œuvre de la création. Quand Dieu eût créé l'homme, il admira son ouvrage, dit l'Ecriture, et il le trouva digne de lui. Aussi, lorsque, après quarante siècles d'attente, sonna l'heure de la rédemption du genre humain, le Verbe éternel ne dédaigna pas de jeter sur sa nature divine le voile de l'humanité, comme pour rendre hommage à sa créature. Dieu a voulu se faire semblable à l'homme, pour apprendre à celui-ci à respecter sa dignité, et à la respecter dans tous ses égaux. Aussi que de chaînes ont brisées, depuis bientôt deux mille ans, le Christianisme et la philosophie ! Et ils en briseront encore, à mesure que le flambeau du progrès et de la liberté brillera à l'œil des peuples endormis dans la servitude.

La philosophie ne s'est guère occupée que de l'homme intérieur ou moral. Cependant l'homme appartient, par son corps, à la classe des animaux, et on ne peut bien connaître le principe de vie qui l'anime qu'en étudiant sa partie animale. Duaty a dit : « La philosophie a eu tort de ne pas descendre plus avant dans l'homme physique ; c'est là que l'homme moral est caché : l'homme extérieur n'est que la saillie de l'homme intérieur. » On a négligé l'étude de l'homme extérieur, dit Bossuet, et l'on n'a connu qu'incomplètement l'homme intérieur.

Le corps humain est comme un palais au fond duquel est placé le siége de l'âme. Il faut nécessairement examiner l'extérieur de l'édifice avant de pénétrer dans l'intérieur. Mais qui donc nous introduira dans ce sanctuaire où réside l'image de la divinité ? Pour cela nous avons deux guides, l'anatomie et la physiologie. L'anatomie ou science de l'organisation, nous fait connaître toutes les parcelles de notre corps. La physiologie, science de la vie, nous donne la clé de notre existence physique. Grâce donc aux sciences médicales, le champ des connaissances s'est agrandi, et il s'agrandira encore ; la médecine a hâté le progrès de l'esprit humain, et ce n'est véritablement que par elle qu'on pourra résoudre le fameux problème de Delphes, *connais-toi toi-même*. Hippocrate pense que c'est par la médecine seule qu'on arrivera à quelques connaissances positives sur la nature humaine.

Jetons un coup d'œil philosophique et moral sur quelques-unes des parties qui composent le corps humain, afin d'étudier les merveilles qu'il contient. On admire, et avec raison, les étonnantes productions du génie de l'homme qui se manifestent dans les arts et l'industrie modernes. Quoi de plus merveilleux, en effet, que ces machines à vapeur qui donnent à nos vaisseaux des ailes de feu, et les font glisser sur les flots avec la rapidité de l'éclair, unissant ainsi les continents, rapprochant par les intérêts, par les besoins, par l'amour fraternel, tous les membres dispersés de la grande famille humaine ? Et ces locomotives, messagers agiles, qui transportent aux quatre vents du ciel les hommes, les marchandises et les idées ; qui font refluer les trésors de la pensée et les richesses du sol des provinces à la capitale et de la capitale aux provinces ; qui franchissent les montagnes, les vallées et les fleuves en présence des multitudes rangées sur leur passage pour saluer en elles l'industrie, le progrès taillé dans le fer et pétri dans l'acier, le prophète qui porte l'avenir dans ses flancs entourés d'éclairs ; tout cela, n'est-ce pas prodigieux ?

Eh bien ! ce n'est rien en comparaison du corps humain. L'homme fait de grandes choses, mais il ne peut rien faire d'aussi grand que lui-même. Examinez le corps de l'homme partie par partie, et dites-nous si cette organisation ne trahit pas un artiste surhumain. Quelle harmonie dans tout l'ensemble de la constitution ! Analysez, que trouvez-vous ? Une peau fine et délicate enveloppe toutes les parties ; viennent ensuite des tissus cellulaires plus ou moins abondant ; puis une multitude de muscles qui se croisent et s'allongent dans tous les sens ; des nerfs qui partent de deux en deux du cerveau et s'enlacent aux muscles comme le lierre à l'ormeau ; une forêt de filets nerveux qui plongent dans la vie plastique ou viennent s'épanouir à la surface de l'organisme ; des artères qui partent du cœur et se ramifient dans toute l'économie animale jusqu'au derme ; des veines qui naissent des extrémités

artérielles et remontent vers le cœur ; des vaisseaux blancs
qui charrient les humeurs ; enfin des os s'emboîtant les uns
dans les autres et brisés de distance en distance forment la
charpente de l'édifice humain. Telles sont, en abrégé, les
parties constituantes de notre être physique. Tout est fait de
manière à donner de la souplesse aux mouvements divers,
mais aussi à fournir de la solidité et de la résistance contre les
corps meurtriers.

Poursuivons un peu cet examen anatomique. Une peau fine
et délicate, avons-nous dit, s'étend comme un réseau sur l'appareil organique extérieur. C'est elle qui, par le beau et doux
coloris qu'elle répand sur les objets, nous les rend si agréables
et si attrayants. Mais qu'on enlève cette légère et tendre enveloppe, aussitôt le charme de la beauté fait place, en nous, à
une secrète horreur. On dirait que Dieu s'est plu à nous montrer ainsi la petitesse de notre grandeur. Il était même nécessaire que les parties internes ne pussent être mises à nu sans
horreur, et que l'homme ne pût blesser son semblable ou lui
donner la mort qu'avec une violente répugnance. Eh ! n'est-ce
pas cette horreur inspirée par la vue de chair humaine ensan-
glantée qui ouvre les cœurs à la compassion, quand l'homme
voit son semblable déchiré par un fer meurtrier ? Cet intrépide guerrier qui cent fois a joué sa vie au jeu terrible des ba-
tailles, qui a semé la mort sur tous ses pas dans les champs du
combat, ne peut pas voir, de sangfroid et sans frémir, la tête
d'un coupable tomber sous la hache du bourreau, ou celle de
l'innocent sous le fer d'un assassin.

En d'autres endroits du corps la peau est plus dure et plus
épaisse pour résister aux fatigues de ces parties ; ainsi celle de
la plante des pieds, du derrière de la tête. Cette peau est per-
cée partout comme un crible ; mais ces trous connus sous le
nom de pores sont insensibles. C'est à travers ces pores que
s'exhalent la sueur et la transpiration, mais le sang ne s'é-
chappe jamais par là. La peau a toute la délicatesse qu'il faut
pour être transparente et pour donner au visage des couleurs
vives et gracieuses. Si elle était moins serrée et moins unie, le
visage paraîtrait sanglant et écorché. Qui est-ce qui a su tem-

pérer et mélanger ces couleurs pour faire une si belle carnation que les peintres admirent et n'imitent qu'imparfaitement ? Mais l'ordre et l'industrie qui règnent à l'intérieur charment encore plus l'esprit attentif, que la beauté extérieure ne saurait plaire aux yeux du corps. Ce contraste de beauté et de laideur est nécessaire pour montrer la fragilité de la créature et l'art du créateur.

Si nous voulions analyser le corps de l'homme pièce par pièce, partout nous trouverions l'empreinte d'une divine main. Qu'on examine l'arrangement et la proportion des parties, tout est parfait et admirable. Le port, la démarche, la tête élevée, cette noble figure projetée en avant et en haut qui, selon l'expression d'un poète de l'antiquité, est faite pour contempler les cieux; les yeux qui, par leur position, semblent être préposés à la garde du corps, en même temps qu'ils lui servent d'ornement ; tout, en un mot, annonce la majesté du roi de la création. L'attitude de l'homme, dit Buffon, est celle du commandement ; sa tête regarde le ciel ; sur sa face auguste est imprimé le caractère de l'empire. L'excellence de sa nature perce à travers les organes matériels ; son port est majestueux ; sa démarche ferme et hardie ; il ne touche la terre que par ses extrémités, et semble la dédaigner. Sa souplesse, sa légèreté, sa force, quand ces qualités n'ont point été altérées par une vie molle et efféminée, surpassent celle des animaux les plus légers et les plus forts.

Mais nous ne voulons pas nous écarter du plan que nous nous sommes tracé, et nous n'examinerons que peu de faits. D'ailleurs ici les choses les plus simples annoncent une sagesse et une puissance infinies. Prenons pour exemple l'articulation de l'épaule avec le bras. Ceux qui ne possèdent aucune connaissance d'anatomie ne trouveront rien d'extraordinaire à cette question ; ce qui leur paraîtra étonnant au contraire, c'est qu'on veuille fixer leur attention sur une chose si simple. Et cependant il y a là des mystères de disposition et d'organisation ! Notre intelligence commande, et aussitôt notre bras met à son service toute sa force et son agilité. Que de solidité et de mobilité il possède ! Comme il s'écarte aisément du centre

du corps par le moyen de l'os placé à la partie supérieure de
la poitrine, et comme ainsi écarté il agit en tout sens ! L'os
dont il est formé se termine par une tête ronde extrêmement
lisse et glissante : cette tête s'emboîte dans la cavité de l'os de
l'épaule, elle-même lisse et glissante ; elle est retenue là par
les muscles nombreux qui vont d'un des os à l'autre, et qui,
par leur masse charnue, protègent ce centre de mouvement
des membres supérieurs ; et pour que la mobilité ne soit pas
trop grande, une poche membraneuse dense entoure et limite
avec netteté cette articulation. N'est-ce donc pas là un phénomène digne d'absorber toute la force de contemplation de la
raison humaine ?

Mais passons à un autre phénomène plus frappant, celui de
la vue, et disons seulement en deux mots ce que l'organe de
la vision offre à l'observateur attentif. L'œil est situé dans une
cavité osseuse qui le protège de toutes parts. Au fond de cette
orbite arrive des profondeurs du cerveau un nerf qui tout à
coup s'épanouit en une large membrane appelée *rétine*. C'est
sur cette membrane que viennent tomber les rayons de la lumière pour que la présence des objets qu'elle éclaire soit révé-
lée à l'intelligence par l'entremise de ce nerf et du cerveau.
Mais il faut qu'autour de cette membrane blanche et nerveuse,
il y en ait une de couleur plus foncée qui absorbe une partie
des rayons lumineux, empêche la sensation d'être trop vive,
et par conséquent confuse ; et autour de cette membrane foncée, parsemée de vaisseaux nombreux, il faut qu'il y en ait
une d'une grande densité et d'une grande résistance ; et au-
devant de l'organe une membrane encore qui soit transparente
et laisse pénétrer la lumière au fond de l'œil, des humeurs de
densité différentes, qui brisent, suivant les lois de l'optique,
la lumière pour la faire arriver juste au point nécessaire et
voulu. Telle est, en substance, la composition de l'œil, ce mi-
roir de l'âme où se reflètent tous les rayons de l'intelligence.
Voilà des mystères dont la raison humaine ne sondera jamais
la profondeur. On ne peut qu'admirer et répéter sans cesse :
non, le hasard ne peut pas produire de semblables œuvres !

Si la philosophie et la morale peuvent puiser d'heureuses

inspirations dans l'étude de l'anatomie, elles ne trouveront pas une source moins féconde dans celle de la physiologie. C'est ici réellement que la médecine paye son tribut à l'humanité, en l'initiant aux mystères de la vie physique, intellectuelle et morale. La physiologie fait connaître à l'homme son origine ; elle lui dévoile le mécanisme de son organisation, et d'accord avec la religion et la philosophie, elle lui révèle les facultés de son intelligence et l'usage qu'il doit en faire pour ménager ses organes et l'existence qu'ils protégent. La physiologie qui est la science de la nature de l'homme, est donc une des plus belles connaissances.

Toute philosophie et toute morale qui ne seraient pas en harmonie avec les lois de l'organisme humain, dit le docteur Debreyne, seraient en dehors des attributs de l'humanité, hors du vrai, et par conséquent ne sauraient constituer que des sciences trompeuses, vaines et illusoires. Toutes les lois du Christianisme sont en parfait rapport avec celles de la physiologie. En même temps que cette science nous fait connaître l'homme, elle nous apprend à l'aimer, à respecter sa dignité et sa grandeur.

La physiologie et la médecine signalent dans la vertu un principe qui conserve le système entier des forces au moyen desquelles se maintient la vie ; dans le vice un principe qui l'énerve et le dégrade. Elles inspirent l'horreur de la débauche, en montrant les traces apparentes que celle-ci imprime à la constitution du corps. C'est l'enseignement des Spartiates qui, désirant produire sur l'âme de leurs enfants une impression durable, leur montraient des esclaves avinés se roulant dans la fange.

Ainsi, le bien-être physique et moral de l'humanité, voilà la mission de la médecine parmi les peuples ! Honneur à cette science qu'on a essayé de dégrader, en la représentant comme l'instrument d'un vil matérialisme, et qui ne fait, au contraire, qu'anoblir notre nature en découvrant la richesse d'organisation que Dieu a mise en elle !

C'est par la physiologie que nous nous connaissons ; c'est aussi par elle que nous apprenons les rapports du physique et du moral. Jetons donc un coup d'œil rapide sur cette belle science, et nous montrerons ensuite ses connexions avec la philosophie et la morale.

De jeunes philosophes demandaient à Hippocrate de leur donner une idée de l'organisation de l'homme : le sage vieillard se mit à tracer un cercle sur le sable, et sa réponse parut sublime. C'est là en effet toute l'organisation. Le cœur, cette machine hydraulique, formé de quatre cavités et de plusieurs valvules envoie du sang au cerveau pour entretenir la vie de cet organe ; mais si le cœur ne recevait pas des nerfs du cerveau, il perdrait lui-même cette vie qu'il répand partout. Les poumons placés dans la cavité de la poitrine sont comme deux soufflets qui aspirent l'air afin d'oxigéner le sang et le renouveler. Par le moyen des veines le sang arrive vers le cœur de toutes les extrémités du corps ; du cœur il va aux poumons, des poumons il revient au cœur, et de là vers tous les points de l'organisme par le moyen des artères. Et quand le sang arrive ainsi à tous les organes, si chacun de ces derniers n'était pas doué d'une sensibilité particulière et singulière ; s'il n'était pas apte à extraire du sang une certaine partie de ses matériaux, comme le foie, par exemple, la bile, certaines glandes, la salive, la peau, la sueur, etc. ; si donc cette sorte de choix des divers organes dans les matériaux du sang ne se faisait pas, notre vie s'arrêterait : car sans le suc salivaire et la bile, notre digestion ne se ferait pas ; et le chyle qui, aussi bien que l'air, entre dans les poumons et est destiné à revivifier le sang épuisé, le chyle ne pourrait pas se produire ; et sans la sueur, des principes qui pour notre bien-être doivent être chassés de l'économie, y demeureraient et nuiraient à l'exercice régulier de nos fonctions.

Tels sont en peu de mots les phénomènes principaux de la physiologie proprement dite. Eh bien ! dans ce tourbillon rapide que l'on appelle la vie, dans ce mouvement continuel de composition et de recomposition, où est le principe du mouvement ? Qui tient toutes ces choses si bien faites les unes pour les autres, en équilibre, jusqu'à ce que une voix mystérieuse et inconnue dise : « C'est assez » ; et qu'alors tout finisse ? Ce principe qui imprime le mouvement, nous le chercherons en traitant la question du matérialisme.

Bien que notre intention ne soit pas d'entrer dans de longs développements, nous ne pouvons pas nous empêcher de revenir un peu sur les fonctions organiques dont nous avons déjà parlé. Le cerveau, le cœur, les poumons, l'estomac sont les chefs-d'œuvre de notre organisation ; rien n'égale cette puissance de création. L'homme prend des aliments et se les ingère ; à peine sont-ils arrivés dans l'estomac, qu'ils sont soumis dans ce laboratoire de chimie à une multitude d'opérations compliquées : aussitôt que ce travail est terminé, les portes de ce laboratoire s'ouvrent et donnent passage au chyle qui pénètre par les veines dans le torrent de la circulation, et les matières impropres à la nutrition sont rejetées hors de l'économie.

Le cœur peut être considéré avec les poumons comme l'atelier de la vie. Le cerveau, il est vrai, est le roi de l'organisme ; c'est là que l'intelligence a établi le siége de son gouvernement ; les autres parties ne sont, pour ainsi dire, que ses provinces dont l'administration est confiée au système nerveux ; mais que le cœur cesse de fonctionner deux secondes, aussitôt ce roi superbe qui trône au sommet de l'organisme perd le prestige de sa puissance, et tous ses sujets l'abandonnent.

Le cœur est donc l'organe par excellence, puisque le cerveau n'a de pouvoir que par lui. L'étude seule de ce muscle, car le cœur n'est qu'un muscle creux, suffirait pour convaincre l'incrédulité de la raison la plus obstinée. D'abord la contexture est admirable ; ce ne sont que des fibres entrecroisées dans tous les sens pour faciliter la contraction. Deux cavités sont à droite et deux à gauche : à l'entrée de chaque cavité sont placées des valvules ou soupapes, afin d'empêcher le sang de rétrograder. Les unes s'ouvrent en bas et les autres en haut, exactement comme celles des pompes aspirantes et foulantes. Les hommes n'ont fait que copier en cela la nature, car le mécanisme du cœur existait avant l'invention des machines hydrauliques ; le cœur d'Adam fonctionnait également comme le nôtre ; le progrès et la civilisation n'ont jamais rien changé à cela. Bien plus, quoique le sang du premier père coule dans les veines de tout le genre humain indistinctement, — n'en déplaise à ceux qui se figurent que Dieu a placé deux Adam à la tête de la création, l'un patricien, l'autre plébéien, — les rouages de cette machine n'ont rien souffert de la main du temps qui s'appesantit implacable sur les choses mêmes qui semblaient faites pour l'éternité. Sans doute nous aussi nous payons notre tribut à la tombe ; mais nos enfants héritent de notre existence, et on admire toujours chez eux les mêmes merveilles qu'on admirait chez nous ; et toujours il en sera ainsi jusqu'à ce que celui qui a fait la vie en ait tari la source.

Mais revenons aux fonctions du cœur qui sont actuellement l'objet de nos observations physiologiques. Les veines versent le sang dans les cavités droites ; celles-ci le renvoient dans les poumons, et ceux-ci à leur tour le renvoient dans les cavités gauches, d'où il s'élance frais et rutilant dans les artères pour aller nourrir toutes les parties de l'économie. Qui donc a donné à ce muscle la puissance de ces contractions qui lancent avec tant de force le liquide vivificateur, que s'il n'était ralenti dans sa marche rapide par des obstacles opposés exprès, il irait frapper mortellement le principe de vie qui réside au cerveau ? Qui est-ce qui a tracé au sang la route qu'il doit suivre, les endroits où il doit se diviser et ceux où il doit se réunir de nouveau ? Et cependant tout cela se fait sans que l'on y pense, sans que l'on sache même la plupart du temps comment ce phénomène a lieu. L'homme, nous le répétons, a résolu de grands problèmes, il a réalisé de vastes et profondes conceptions, mais il n'a fait et ne fera jamais rien d'aussi grand que lui-même.

Et le cerveau, quel vaste champ n'offre-t-il pas à la méditation du penseur attentif ? Nous ne pouvons rien faire de mieux à ce sujet que de répéter les magnifiques et poétiques expressions de M. le docteur Réveillé-Parise : « Le cerveau, dit cet auteur, est l'organe-roi, où résident la conscience de l'être, l'homme-intelligence, le moi ; vase mille fois plus faible que l'argile, et qui recèle pourtant le trésor de la pensée ! Quoi ! c'est dans cette pulpe blanchâtre, mollasse, putrescible, combinaison d'un instant, que se trouve l'empire et l'asile de la raison, l'atelier où s'amasse, s'élabore le savoir humain, et où se forment d'immortelles conceptions ! C'est dans l'espace compris entre l'apophyse *crista galli* et la crète occipitale interne, c'est-à-dire dans l'espace étroit de quelques pouces, où sont les idées de Dieu, d'infini, d'éternité ! »

L'organe de la vue renferme aussi des mystères dont notre intelligence ne comprendra jamais la magnificence et l'étonnante sublimité. L'œil est le soleil de l'âme : s'il n'est pas le foyer des passions, il en est du moins l'interprète assuré ; ses rayons jettent le jour sur les pensées les plus secrètes du cœur humain. « Celui qui a fait les yeux, dit Fénélon, y a allumé je ne sais quelle flamme céleste, à laquelle rien ne ressemble dans la nature. » Quels feux doux et brûlants s'échappent des yeux de celui qu'un tendre et délicieux amour a épris de ses charmes ! Un regard sympathique est plus éloquent que tout l'art des Cicéron et des Démosthène. Voyez ce faible enfant qui sourit à peine au jour qui l'a vu naître ; sa mère ne pouvant lui exprimer ses caresses par des paroles, lui dit par un simple regard toute la tendresse de son cœur maternel ; et l'enfant de rire, comme pour faire entendre qu'il a bien compris.

Mais si l'œil trahit les feux de l'amitié et de l'amour, il laisse aussi percer ceux de la colère et de la vengeance. Un regard enflammé de courroux frappe, comme la foudre, l'être infortuné sur lequel il plonge sa fureur. Interrogez les peuples qui obéissent encore au despotisme, et ils vous diront tout ce qn'il y a de terrible dans l'œil du tyran dont le caprice fait la loi.

Le crime et la débauche trouvent aussi des accusateurs dans l'organe de la vue. Quand l'habitude du mal a chassé le remords de la conscience, il trouve encore un refuge dans l'œil du coupable. Dieu le permet sans doute ainsi pour accabler même ici-bas le crime sous le poids de sa justice : « Pourquoi, dit Châteaubriand, y a-t-il une voix dans le sang, une parole dans la pierre ? Le tigre déchire sa proie et dort ; l'homme devient homicide et veille. Il cherche les lieux déserts, et cependant la solitude l'effraie ; il se traîne autour des tombeaux, et cependant il a peur des tombeaux. » Tout est donc plein de grandeur et de majesté dans l'organisme humain.

Nous avons dit que la physiologie avait des connexions étroites avec la morale et la philosophie. Ces sciences sont les bienfaitrices de l'humanité qui a mis sous leur tutelle ses malheurs et ses misères. Mais pour mériter le nom de bienfaitrices, elles doivent se donner la main et se présenter ensemble au chevet de la douleur. Le médecin qui n'a que des formules à donner, ne soulagera point ces souffrances de l'âme mille fois plus cuisantes que celles des organes ; le philosophe qui n'oppose au malheur que de vaines et creuses théories, aggravera le mal plus qu'il ne l'affaiblira ; mais, que ces hommes puisent leurs inspirations aux sources de la morale, qu'ils soient en un mot prêtres de leur art, et leurs doctrines enfanteront des prodiges. Il ne faut pas se le dissimuler, même humainement parlant, le Christianisme l'emporte de beaucoup sur toutes les autres sciences. Si la chimie, la physique, l'astronomie, la médecine, la philosophie, la littérature, la politique, ont réalisé de grandes et belles théories de progrès, le Christianisme, lui, a réalisé des faits pratiques; c'est lui qui chaque jour résout silencieusement le problème de la souffrance ; ce n'est jamais en vain que le malheur lui tend la main.

Le célèbre médecin Hufeland a dit qu'on peut considérer la religion comme un moyen de prolonger la vie (1). Ecoutons un philosophe moderne : « Les vices moraux peuvent augmenter le nombre et l'intensité des maladies jusqu'à un point qu'il est impossible d'assigner ; et réciproquement le hideux empire du mal peut être resserré par la vertu jusqu'à des bornes qu'il est tout aussi impossible de fixer (2). »

Si on voulait parcourir les ouvrages des grands écrivains de tous les temps, on verrait la même doctrine professée par les génies les plus sublimes ; le vrai talent s'est toujours prosterné devant la vérité. Voici ce que dit encore une célébrité médicale, le docteur Franck, au sujet du principe religieux qui

(1) Hufeland. *Macrobiotique*, page 306.
(2) De Maistre, *Soirées de Saint-Pétersbourg*. t. II, p. 59.

doit diriger la vie physiologique dans toutes ses phases : « Il faut avoir égard aux religions, et il faut avouer que, non-seulement la religion chrétienne, mais encore les religious juive et mahométane, sont établies de telle manière qu'elles s'opposent au développement des maladies. »

Le Christianisme, dit le docteur Devay (1), a pour but de relever la vie morale de l'homme, c'est-à-dire ce qu'il y a de plus parfait dans son existence. Chez un être fixé, il y a antagonisme de développement entre les qualités supérieures essentielles et les inférieures : la force morale augmente en raison de leur abaissement. L'anatomie et la physiologie comparées mettent en évidence cette grande loi. La force productive, qui est tellement exhubérante chez le polype que cet animal peut réparer la perte de toutes les parties dont on le prive, diminue chez les animaux supérieurs. La génération et la régération deviennent d'autant plus restreintes, que la vie se complique davantage. Et chez l'homme, que voit-on dans la succession de ses âges ? Toujours une indépendance plus complète du principe qui se dégage des étreintes matérielles. L'embryon faisant d'abord partie de l'œuf, s'en dégage peu à peu : chez l'enfant, l'activité des sens l'emporte sur toutes les autres ; dans l'âge adulte, la raison ; dans la vieillesse, un mélancolique mysticisme. Est-elle donc en lutte avec le principe physiologique, la religion qui suit ses phases et les dirige ?

La morale est donc le modificateur par excellence de l'économie animale. De tout temps les médecins se sont mis à la recherche des causes qui peuvent influer sur la santé, et presque toujours ils ont omis de mentionner celle qui est si capable de la protéger et de la défendre. On fait de très belles théories pathologiques sur les affections de l'âme, mais on n'indique pas la vraie thérapeutique, quoique souvent on la connaisse parfaitement bien. Et cependant la vie, comme toutes les forces agissantes, tend sans cesse à l'épuisement. C'est une véritable consomption qui mine notre organisme. Mais comme elle est plus rapide cette consomption, lorsqu'elle est activée par les

(1) Devay, *Physiologie humaine*,

émotions toujours renaissantes du système moral ! La vie est un volcan dont le foyer est alimenté par les sensations de l'âme. Quand ces sensations sont douces et tempérées, tout marche suivant les lois que la nature a tracées ; mais si elles sont vives, fréquentes, alors éclate un terrible incendie qui brûle et dévore toute notre existence jusques dans ses dernières ramifications. Que faut-il donc faire pour ménager ce fond de vitalité, pour résister à cette usure progressive de notre organisation? Des philosophes et des médecins célèbres nous l'ont déjà dit : il faut invoquer les lois de la morale.

Résumons donc en quelques mots les perfections de l'homme, et concluons qu'il est, pour ainsi dire, l'essence de la création. L'homme est fait pour la société, laquelle a pour base les doctrines qui réagissent sur l'intelligence et le cœur. Aussi le voit-on cultiver les lois, les sciences, les arts et la liberté, ces éléments sociaux qui font monter les peuples au dernier degré de splendeur et de puissance qu'il soit donné aux nations d'ambitionner dans le royaume du temps. Justement orgueilleux de sa supériorité, l'homme se trouve trop à l'étroit dans les limites de la matière, et il plonge son regard scrutateur sur ce vaste océan sans rivages qu'on appelle l'*Infini*. Voici comment s'exprime un grand physiologiste français, le docteur Leuret : « L'homme résume tous les animaux ; il est au-dessus d'eux, et rien de ce qui l'entoure ne s'élève jusqu'à lui. Il connaît le temps, il mesure l'espace, il calcule le mouvement des astres : le souvenir des siècles passés, conservé d'âge en âge, reste dans sa mémoire ; il scrute le présent, il sonde l'avenir. Les œuvres de son intelligence ne tiennent pas de la terre ; les sentiments qu'il éprouve le portent au-delà. Il aspire après un monde nouveau, infini, parfait, où il trouve la justice qu'il aime et le bonheur qu'il rêve. Borné aux choses visibles, il doute, il hésite, il marche sans comprendre où il va ; et plein d'incertitudes, il demande à une autre vie la synthèse de sa vie (1). » Voilà l'homme.

(1) Anatomie comparée du système nerveux dans ses rapports avec l'intelligence.

Les philosophes, les naturalistes, les poètes, en un mot tous les hommes d'observation et de contemplation conviennent que l'étude du monde physique et de ses merveilles élève l'âme au-dessus des régions de la matière et la transporte jusque dans l'immensité où elle découvre l'auteur de toutes choses, celui qui de son souffle divin féconda le néant. Tout cela est parfaitement vrai. Qu'on tourne en effet ses yeux vers le ciel, et qu'on voie quelle puissance d'ordre et d'harmonie retient tous ces corps lumineux qui brillent au-dessus de nos têtes, à des distances déterminées les uns des autres ! Tournant tous suivant des lois sacrées et infranchissables, sans jamais se gêner les uns les autres dans leur marche à travers les espaces ! Ou bien que l'on considère ces vapeurs légères, qui montent et descendent alternativement dans l'atmosphère, et sont portées d'une région à l'autre, ici pour débarrasser la nature de leur poids incommode, et là pour rafraîchir la terre desséchée ! Et ces vents, qui paraissent déchaînés sur le globe, et qui pourtant sont soumis à des lois si certaines que, dès l'origine du monde, les bergers en calculaient les effets et le retour, et que le marin leur confie, sans la moindre crainte, sa fortune, ses espérances et sa vie ! Qu'on descende sur la terre, on y trouvera des merveilles également grandes, également admirables. Les couches minérales et superposées qui forment la terre sont travaillées à l'intérieur par des révolutions toujours nouvelles. Pour les plantes, ce ne sont que transformations successives depuis leur germination jusqu'au moment où elles embaument la nature de leur parfum délicieux et la nourrissent de leurs fruits abondants.

Tout dans la nature n'est qu'un hymne sans fin à la divinité. Et ce soleil qui, suspendu à la voûte du firmament, ne cesse d'inonder la terre de ses feux bienfaisants, que de chants sublimes n'a-t-il pas inspirés aux favoris des muses ? Voulez-vous en effet contempler un merveilleux tableau ? Allez sous un ciel sans nuage, dans une belle campagne où la nuit règne encore mais pour peu de temps ; voyez les étoiles s'enfuir une à une, l'horizon se colorer des feux de l'aurore et préparer les voies à l'astre du jour prêt à s'élancer dans sa carrière ; l'O-

rient ouvre ses portes, et le roi de la nature apparaît tout res-
plendissant de gloire sur son char couronné de flammes ; les
ombres qui couvraient les vallées prennent la fuite devant lui ;
la nature entière salue par des réjouissances le retour de son
souverain bien-aimé ; l'oiseau fait retentir les bocages de ses
chants d'allégresse ; la fleur s'épanouit et embaume l'air de ses
parfums suaves ; le ruisseau laisse entendre le murmure de son
onde argentine à travers les verdoyantes prairies ; les zéphirs
caressent de leur souffle léger les faibles arbrisseaux. Le labou-
reur s'est arraché des bras du sommeil, déjà la terre gémit sous
sa charrue, et l'air retentit de ses chants ; le berger, la hou-
lette à la main, va disperser son troupeau sur la montagne et
redire ses amours à l'écho des vallées. Toute la nature est dans
la joie depuis que le jour a vaincu la nuit.

Telles sont les merveilles qu'on se plaît à admirer par une
belle matinée de printemps. Mais examinez encore et soyez attentif : si le matin a ses charmes, le soir d'un beau jour ne
laisse pas que d'avoir les siens. Contemplez en effet ce qui se
passe, alors que le soleil ayant franchi sa carrière à pas de
géant, s'incline vers l'occident en se découronnant de ses
rayons. Peu à peu les ombres reviennent couvrir les vallées ;
les vents reprennent leur haleine et agitent mollement les
feuilles des arbres ; une douce rosée vient humecter les fleurs
desséchées qui s'efforcent de relever leur tête languissante,
comme pour sourire encore au jour qui les a vu naître. Le
chantre des bois reprend sa lyre, mais ce sont plutôt les ac-
cents de la tristesse que ceux de la joie. Tout respire une heureuse mélancolie. Les êtres de la nature veulent contempler
leur souverain, jouir de ses derniers bienfaits, et lui prodiguer
de nouveau leurs hommages. Tout l'univers est attentif : ce
roi brillant de gloire descend majestueusement de son trône ;
il jette sur ses sujets un regard qui leur laisse l'espérance et
disparaît dans un lit de roses.

Notre plume ne s'arrêterait pas si nous voulions nous aban-
donner à toutes les inspirations que l'âme puise dans ces beaux
tableaux de la nature. Et la nuit, est-ce qu'elle n'a pas, elle
aussi, sa poésie ? Lorsqu'elle a jeté son manteau sur la terre,

fixez votre regard sur l'orient, cet océan de lumière ; voyez ce globe d'argent s'élever lentement et projeter ses pâles lueurs sur l'horizon assombri. Précédé d'une brise délicieuse, il s'avance au milieu de ce vaste champ d'azur parsemé de constellations : ses rayons veloutés descendent à travers les arbres et forment des gerbes de lumière qu'on voit tantôt s'agiter et tantôt rester immobile. Quelquefois ils semblent endormis au sein des eaux tranquilles ; mais le vent souffle, et aussitôt on les voit se balancer sous les flots agités. Transportez-vous alors dans un lieu d'où l'œil puisse découvrir un large horizon. Le calme de la nuit envahit lentement votre âme et donne à vos sensations un caractère de douce tristesse. Vous sentez votre pensée s'élever vers Dieu ; vous le contemplez dans la magnificence du firmament ; vous l'écoutez dans les faibles murmures qui sortent des vallées ; ces astres scintillants vous semblent les flambeaux de son sanctuaire ; et les blanches vapeurs qui montent vers le ciel, l'encens que la terre envoie silencieusement vers son auteur.

Quel spectacle plus magnifique peut-on offrir à l'observateur ! Quel charme, quelle majesté, quelle harmonie parfaite dans toute la création ! Toutes ces merveilles publient hautement la gloire et la puissance de Dieu. Mais, nous médecins, avons-nous besoin, pour croire à Dieu, de tous ces prodiges de la création qui ébranlent l'incrédulité dans ses bases les plus profondes ? Pour connaître l'intelligence suprême, avons-nous besoin d'interroger le firmament et ses planètes innombrables, la terre et ses entrailles fécondes, la mer, son immensité et ses profondeurs, le jour et la nuit, le temps et les espaces ? Non, toutes ces contemplations ne nous sont pas nécessaires. Interrogeons de bonne foi notre scalpel, et il nous dira qu'il a trouvé dans l'organisme humain la preuve la plus positive et la plus invincible de cette Providence qui préside depuis l'origine des siècles aux destinées de l'humanité. Anatomie, physiologie, il ne nous en faut pas davantage pour reconnaître la loi suprême qui règle la loi du temps.

II

LE MATÉRIALISME

est contraire à la Raison, à la Morale sociale et à la Thérapeutique.

———

Nous avons examiné l'organisation humaine au double flambeau de l'anatomie et de la physiologie, et celte étude nous a révélé une force génératrice supérieure devant laquelle s'est incliné notre esprit agrandi par de si hautes contemplations. C'est en vain que nous nous serions efforcé de nier ce principe générateur et conservateur des êtres, notre scepticisme eut trouvé un juge sévère et implacable au tribunal du bon sens et de la raison. Car enfin, il n'y a pas d'effet sans cause, c'est un axiome irréfragable : point d'horloge sans horloger, point de tableau sans peintre, point de mécanique sans mécanicien. De même nous disons : point d'homme organisé, sans un Dieu pour le créer. Quand nous prononçons ce mot *Dieu*, nous ne faisons qu'énoncer une expression consacrée par les siécles, pour rendre sensible à nos sens la pensée éternelle qui règne sur le monde. Peu importe le nom de ce verbe incréé : qu'on l'appelle Dieu, providence, infini, éternité, c'est toujours cette intelligence suprême que la raison ne peut connaître parfaitement, mais qu'elle est forcée d'admettre.

Si l'étude de l'homme comme simple objet d'histoire naturelle appelle notre admiration et excite notre reconnaissance envers son auteur, nous sommes bien autrement orgueilleux encore, quand nous considérons la dignité, la grandeur et la richesse de l'âme qui domine l'organisme, comme le soleil domine la terre. C'est par notre âme que nous nous élevons au-dessus des régions de la matière, que nous nous rapprochons de la divinité, que notre regard plonge dans les profondeurs de la science, que nous interrogeons le passé, le présent et l'avenir ; que nous aimons, que nous désirons ; en un mot c'est par elle que nous vivons et que nous sommes placés au-dessus de tout ce qui est créé. L'idée du droit et du devoir, ces deux puissants leviers qui remuent les sociétés modernes et les tiennent dans les voies du progrès, résident dans l'âme humaine dont elles font la gloire et la grandeur. « L'homme est un être libre et raisonnable, a dit un célèbre philosophe de nos jours : il comprend le bien ; et comme être libre, il a le moyen de le faire : voilà pourquoi il a des devoirs et des droits. Le devoir et les droits élèvent au plus haut degré la dignité de la condition humaine. On comprend pourquoi Dieu a fait la nature pour l'homme, la chose pour la personne. La vie humaine n'est point à mépriser comme tant d'existences qui se perdent dans la vie universelle ; les desseins de Dieu sur elle sont grands, puisqu'il y a mis le devoir et le droit (1).»

Ce principe immatériel qui réside en nous, nous donne le secret de notre mission dans la vie. Il nous apprend que nous sommes faits pour le bonheur et l'immortalité, ces biens dont nous avons une soif insatiable, même dans le domaine du temps. Voyez en effet l'homme de lettres, le philosophe, le mathématicien : ils travaillent nuit et jour à agrandir l'horizon de la science ; leurs fronts ridés avant l'âge indiquent que le soc de l'intelligence a tracé sur eux de longs et pénibles sillons. Pourquoi donc se soumettent-ils à de si terribles labeurs, si ce n'est pour léguer un nom immortel à la postérité ! Et cet intrépide guerrier qui brave la mort avec tant de témérité sur le champ de bataille, qu'est-ce qui anime son

(1) Cousin, Cours d'Histoire de la Philosophie morale, page 311.

courage ou plutôt sa fureur? L'espérance seule que la patrie paiera à sa mémoire un tribut de reconnaissance.

Mais si nous faisons tant d'efforts pour vivre dans l'avenir, il faut donc qu'il y ait en nous un principe différent de la matière, puisque celle-ci ne porte point ses désirs au delà de la tombe. Ce principe qui fait vibrer en nous les cordes les plus sensibles, telles que l'honneur, le patriotisme, la gloire, n'est autre chose que cette âme simple, spirituelle, que Dieu a soufflée dans notre nature humaine, et qui ne peut tomber sous les coups de la mort, parce qu'elle n'a point de parties dont la mort n'est que la dissolution. Cette fille du Ciel ne trouve dans la ruine du corps que le commencement de la véritable vie. Cette nouvelle vie, c'est Dieu, c'est l'éternité dont l'âme prend possession. Oh! que l'esprit de l'homme est grand! s'écrie Fénelon : il porte en lui de quoi s'étonner et se surpasser infiniment lui-même; ses idées sont universelles, éternelles, immuables. Fait à l'image du Verbe divin, l'homme est le verbe des mondes. L'histoire du temps et de l'espace n'est qu'un sublime dialogue entre l'intelligence créatrice et l'intelligence créée, qui séparées par l'infini, se rapprochent par l'amour.

Eh bien ce dogme de l'existence de l'âme professé par tous les peuples, et à l'étude duquel tous les grands philosophes ont consacré leurs travaux, depuis Platon et Aristote jusqu'à nos jours, trouve des adversaires assez nombreux connus sous le nom de matérialistes. La doctrine de ces hommes est celle-ci : « Nous ne sommes que ce que sont tous les autres animaux, et nous aurons le même sort qu'eux. Nous ne sommes que de la matière arrangée, organisée, appropriée pour toutes nos opérations; et ce qu'on appelle notre âme, n'est qu'une portion plus subtile et plus déliée de cette matière, principe unique, et unique terme de toutes choses. Pourquoi donc tourmenter sa vie par des austérités? Pourquoi jeter sur des jours si fugitifs le voile lugubre de la pénitence, et se condamner à la privation de toutes les jouissances sensuelles dans l'espoir d'être couronné d'immortalité? Tout ne finit-il pas au tombeau? N'est-ce pas contre cette pierre fatale que vien-

nent se briser l'orgueil du riche et la détresse du pauvre,
le vice et la vertu ? Quelques hommes sont assez simples
pour se croire héritiers d'une vie future et sans fin. Où
ont-ils donc appris qu'ils ont une âme et que cette âme
n'est point sujette aux lois de la mort ? Ils prennent pour
des vérités ce qui n'est qu'illusion et mensonge. *Carpe diem,*
a dit le poète : c'est aussi notre maxime ; car nous mour-
rons assez tôt et le néant sera notre tombeau. » Tel est le
langage du matérialiste.

Une doctrine à peu près semblable essaie encore aujourd'hui
de germer dans la société, cette doctrine c'est *l'humanisme.*
Les humanistes font profession de ne croire qu'à l'existence
de l'univers et de l'homme qui est le centre de la nature.
L'homme, disent-ils, ne dépend que de lui et ne doit compter
que sur lui, parce qu'il n'a pas d'autre vie que celle-ci à
espérer. Ils ajoutent que la croyance à l'immortalité d'une
autre vie, détourne les hommes de travailler à leur bien-
être temporel ; qu'il faut donc élaguer toutes ces croyances
comme choses ridicules, superstitieuses et nuisibles.

Ce sont là, j'espère, des théories bien consolantes et bien
rassurantes pour le bien-être et le repos des sociétés ! quoi !
vous osez dire que l'homme ne sera heureux que quand
il aura abdiqué ses espérances d'immortalité ! vous voulez que
l'homme ne trouve son espoir et son bonheur que dans la
vie du temps ! Mais que faites-vous donc, que vous ne réalisiez
cette félicité terrestre ? Car enfin voilà bien des siècles que
l'humanité tourne dans le cercle de la souffrance et de la
misère. Que faites-vous pour soulager tant soit peu les peines
physiques et morales de ce prolétaire abandonné qui lutte entre
la vie et la mort, sous un toit de chaume, où quelques
planches et un peu de paille lui servent d'oreiller ? Lui direz-
vous que la vie des sens est ce qu'il y a de plus précieux chez
lui ; qu'il n'a point d'autre jouissance à attendre que la mort,
et après la mort le néant ! Belle et consolante destinée !…
Pauvre prolétaire qui n'as vécu que de privations, que du pain
de la misère et des larmes, et qui descends dans la tombe sans
avoir même l'espoir qu'un ami viendra verser des pleurs sur

le coin de terre où reposeront tes cendres, voilà tout ce qu'on te promet ! Le riche du moins a vécu entouré d'hommages, et il meurt entouré de regrets : si pour lui aussi il n'y a point d'avenir, il sait que sa mémoire vivra encore quelque temps dans le marbre et le bronze, et cette pensée lui rend moins amère la douleur du trépas.

Et pour les sociétés, que ferez-vous, matérialistes? Vous nous répondrez sans doute que vos vœux ne pourront qu'être stériles, tant que les gouvernements ne partageront pas vos idées. Mais supposons que vous teniez en main les rênes du pouvoir; quelle base donneriez-vous à votre gouvernement philantropique et humanitaire? Ceux qui refuseraient de croire à vos doctrines, les baptiseriez-vous dans le sang? Mais alors vous ne mériteriez plus le nom de philantropes, vous seriez semblables aux tigres des forêts. Et au nom de qui, s'il vous plaît, vous feriez-vous les maîtres et rendriez-vous les autres hommes vos sujets? Serait-ce au nom de la matière et du néant? Mais sachez donc que les rois, les consuls, les dictateurs, n'ont le droit de courber sous leur joug aucune tête humaine blanche ou noire : Si les peuples leur obéissent, c'est parce qu'ils voient en eux les représentants d'une autorité suprème qui leur commande de se soumettre pour le bien, la paix et le bonheur du monde. Peu importe le genre de pouvoir: car les peuples ont le droit de se gouverner comme bon leur semble, et d'adopter les institutions les plus en harmonie avec leur liberté ; quelque soit cette puissance, toujours nous obéissons et nous le devons. Mais effacez le nom de Dieu du Code de vos lois, dites-nous que c'est au nom de vos caprices que vous prétendez nous gouverner; oh ! alors vous verrez bientôt monter et vous dominer le flot de l'orgueil humain : toute société deviendra impossible, parce que personne ne voudra abaisser sa dignité jusqu'à devenir votre esclave.

Nous avons dit que les adversaires de la spiritualité et même de l'existence de l'âme étaient assez nombreux, et c'est particulièrement dans les rangs des médecins qu'on se plaît à les chercher. Mais si le nombre de ces der-

niers est plus considérable, cela se comprend facilement.
Ils ne travaillent que sur la matière, ils ne voient que
matière, toutes leurs observations ne reposent que sur les
sens physiques. Néanmoins le nombre des médecins matérialistes diminue tous les jours, depuis que l'école de Broussais est tombée avec lui. Quelques années à peine ont
suffi pour ensevelir dans l'oubli ce pontife du matérialisme moderne qui, du haut de son Vatican physiologique,
lançait ses anathèmes contre tous ceux qui ne tendaient
pas la main à ses doctrines. Ce n'était pas seulement la
morale qui était foulée aux pieds, mais aussi la science elle-
même qui tombait en lambeaux, déchirée par l'anarchie
intellectuelle. Il semblait que le règne du sophisme voulait
se fixer pour toujours dans l'esprit des nouvelles générations médicales. Mais ce n'était qu'une faible tempête qui
passait sur la science et sur la morale; l'orage avait grondé
avec fracas, et cependant les ruines étaient loin d'être
aussi grandes qu'on l'avait espéré. A peine cette aquilon
d'un autre âge avait-il cessé de faire entendre ses mugis-
sements, que les intelligences rentrèrent dans le calme et se
remirent en marche vers un avenir scientifique et moral.

Il ne faut pas croire cependant que tous les médecins
soient affranchis des idées matérialistes, loin de là : il y
en a et il y en aura toujours, soit par conviction, ce
qui n'est guère possible ; soit pour se donner aux yeux
du monde, comme on dit, des airs d'importance. Pour les
premiers, c'est-à-dire ceux qui prétendent être convaincus
qu'il n'y a point d'âme, nous leur citerons les paroles de
La Bruyère. Cet auteur disait : « Je voudrais voir un
homme sobre, modéré, chaste, équitable, prononcer qu'il
n'y a point de Dieu ou point d'âme immortelle ; il par-
lerait du moins sans intérêt : mais cet homme ne se
trouve pas. (1) Quant aux seconds, ils sont très souvent
convaincus de l'existence de l'âme, mais ils se gardent bien
de l'avouer, dans la crainte de passer pour des esprits

(1) Caractères, chap. XVI, des Esprits forts.

faibles et pusillanimes. Parlez-leur de la spiritualité de l'âme, aussitôt ils se retranchent fièrement dans l'anatomie, en disant: « Nous avons soumis toutes les parties du corps humain à nos investigations anatomiques, il n'est pas une fibre nerveuse ou cérébrale qui ait échappé à notre scalpel, et nulle part nous n'avons trouvé les traces de cette âme à l'existence de laquelle on veut nous faire croire. » Telle est la réponse que quelques médecins ont l'air de faire sérieusement, et nous l'avons entendue nous-même.

Nous aussi nous avons travaillé les débris du corps humain, nous avons remué, étudié partie par partie, et nulle part nous n'avons trouvé les traces de l'âme. Mais les uns et les autres, avons-nous trouvé dans nos travaux anatomiques un seul vestige de la pensée ? Et cependant oserions-nous nier qu'elle existât dans le cerveau avant la mort ? Si la substance pensante était matérielle, elle devrait se retrouver dans les organes après la mort ? Eh bien ! cette pensée qui existait auparavant et qui n'existe plus, que nous cherchons et que nous ne trouvons pas, c'est tout simplement l'âme, ce reflet de la divinité qui anime le corps humain. « Nous donnons le nom d'âme, dit le grand physiologiste Haller, à ce principe qui est associé à notre corps, qui pense, juge, veut, a conscience de lui-même, de ses idées présentes et se rappelle ses idées passées. » Et d'ailleurs, qu'est-ce qui établit notre supériorité sur les autres animaux ? Est-ce seulement notre organisme plus perfectionné, ou bien ce qu'il y a d'immatériel chez nous, notre âme ? Mais si c'était seulement l'organisme, pourquoi alors l'avortement et l'embryoticide sont-ils regardés par la loi comme un assassinat et punis comme tels ? Si l'embryon au sein de sa mère n'est qu'un peu de matière organisée, ou pour mieux dire tout-à-fait informe, pourquoi celui qui porte la main sur cette matière est-il si durement réprouvé par la morale et la société ? Sans admettre un principe immatériel, on ne pourrait pas s'expliquer tant de sévérité contre ces infortunées mères qui ont voulu voiler une faiblesse par une faute criminelle. Les médecins doivent comprendre cela mieux que personne.

Le matérialisme est une des plus grandes plaies qui puissent ronger le cœur d'une société : il éteint le sentiment pur et généreux, et ouvre la voie à tous les vices et à tous les crimes. «Selon les médecins matérialistes, dit le docteur Debreyne, l'homme n'est qu'un simple agrégat de molécules, une masse organisée pour sentir, penser et jouir. Faut-il après cela s'étonner de ce mépris brutal et farouche de la vie humaine, de ce honteux et fanatique asservissement au préjugé et à l'idole du faux honneur, je veux dire la fureur insensée du duel, cette frénésie féroce qui met, comme dit Rousseau, toutes les vertus à la pointe de l'épée ; et puis encore cette manie épidémique toujours croissante, l'effroi de la société, ce crime exécrable et irrémissible, parce qu'il est sans repentir, l'affreux suicide. » (1)

Les matérialistes, avons-nous dit, se trouvent particulièrement dans les rangs des médecins. L'aspect continuel de la misère et de la souffrance de l'homme dont ils ne voient, pour ainsi dire, que la dégradation ; cette analyse des organes qu'ils font incessamment, éteignent peu à peu dans leur cœur le sentiment du beau et les conduisent au matérialisme. Le matérialisme éteint non seulement le beau ; mais aussi la sympathie dans le cœur des médecins. Ceux-ci pour se préserver des dangers auxquels les exposent leurs études doivent s'appuyer sur les principes de la philosophie morale et religieuse. La société gagnera à ce que la médecine s'éloigne du matérialisme ; car la morale et la psychologie, en apprenant au médecin ce que c'est que l'homme, lui inspireront plus de dévouement et plus d'amour pour lui. D'ailleurs le règne glorieux de ces doctrines est passé, le monde en est fatigué. « Le matérialisme, a dit un philosophe de nos jours (2), n'a de prise aujourd'hui, que sur les âmes basses et les esprits obtus, le siècle a adopté avec transport une philosophie plus noble : il demande, il implore la foi, il est avide de Dieu. »

Après toutes ces réflexions, jetons un coup d'œil philoso-

_____

(1) Il est juste de dire que ces réflexions ne s'appliquent guère aux médecins qui en général ont assez soin de leur santé et de leur vie.
(Note de l'auteur.)
(2) Saisset, *Revue des Deux Mondes*, tome VI, page 472.

phique sur le système des matérialistes, et voyons s'il est d'accord avec la raison. L'homme pense, réfléchit, combine, sent sa propre existence ; il a une volonté agissante et libre ; il donne ou il refuse son attention aux objets, il conçoit, il juge, il arrange, il se détermine, il choisit ; il connait le passé, et lit dans l'avenir ; il étend ses connaissances à tout, mesure la distance des lieux, la hauteur des cieux, la profondeur des abîmes, il démêle les calculs les plus compliqués et tous les signes de convention. Tout cela n'annonce-t-il que de la matière ?

L'homme invente les sciences les plus sublimes, les arts où brillent le génie et le goût ; il combine divers système de politique et de gouvernement qu'il met en pratique selon les circonstances, les lieux et les temps. L'homme devient un puissant orateur qui répand des flots d'éloquence sur les multitudes avides de l'entendre ; il devient philosophe et il soumet la nature entière à ses observations, il en dévoile tous les mystères, et il en explique toutes les propriétés. Tout cela n'annonce-t-il que de la matière ?

Quand on réfléchit sérieusement, on ne peut s'empêcher de reconnaître que la matière n'a qu'une étendue susceptible de diverses configurations et de divers mouvements, qu'elle ne peut se donner à elle-même aucune forme ; que par sa nature elle est inerte et incapable de se porter à aucune action, ni de se donner la moindre impulsion. Mais surtout on ne peut pas ne pas reconnaître que la matière n'est rien de ce qui pense, de ce qui réfléchit, de ce qui raisonne, de ce qui juge.

Avant d'expliquer l'incompabilité de la substance qui pense et de la substance matérielle, disons ce que c'est que la pensée; ou plutôt écoutons M. Dagneau. « La pensée, dit cet auteur (1), est le plus grand bienfait de la divinité envers l'humanité ; le don le plus précieux du Ciel, le don qui distingue l'homme des autres êtres, et l'élève au-dessus de tout ce qui existe. S'il est un bien que la puissance humaine ne peut nous ravir, une véritable propriété de l'homme ; s'il est un asile inviolable, un refuge impénétrable, c'est la pensée.

(1) Rudiment social, page 223.

Plus rapide cent fois que le vent qui souffle dans les airs et chasse les nuages du septentrion au midi, la pensée s'élance d'un bout à l'autre de l'hémisphère; elle nous transporte tout-à-coup dans toutes les parties du monde. La pensée, sœur de l'imagination est sans cesse en voyage, et nous voyageons sans cesse avec elle; avec elle nous franchissons les mers, traversons les montagnes, parcourons les bois, les vallons, les prés fleuris; avec elle nous visitons les brillantes cités, les palais des rois, le modeste hameau, l'humble chaumière du berger; avec elle nous assistons à toutes les scènes du grand théâtre du monde; c'est notre compagne inséparable, notre confidente la plus intime, le dépositaire le plus sûr de nos secrets. Les libertés ne sont que chimériques, que conditionnelles; il n'est de liberté réelle, de liberté illimitée, que dans la pensée. La pensée! [c'est là qu'est le temple de la liberté. — Le domaine de la pensée s'étend dans tout l'univers, c'est une source féconde, intarissable, d'où découle un mélange continuel de bien et de mal, de fruits utiles ou pernicieux. — La pensée est l'homme, dit Pascal, l'un n'existant pas sans l'autre. — La pensée est l'infini ou l'infinité, des millions d'êtres pensent, aucun ne pense de même; rétrécie ou étendue, frivole ou sérieuse, superficielle ou profonde, la pensée est errante, vagabonde, elle court continuellement le monde : — La réflexion est le perfectionnement de la pensée; quand l'une nous égare, l'autre nous ramène. — La pensée est la parole intérieure, la parole est la pensée extérieure; c'est son principal agent. » Voilà certes la pensée nettement définie; il nous sera facile maintenant de constater que cette substance simple, ne peut être confondue avec la matière substance composée, puisque leurs qualités sont incompatibles; par conséquent la matière est incapable de penser et d'agir.

Les deux principales qualités de la matière sont l'étendue et la divisibilité; et la pensée est sans étendue et indivisible. Il suit donc de ces deux propositions que la pensée n'est point un effet de la matière. Si la première dépendait de la seconde, il faudrait dire que chaque parcelle de matière renferme sa parcelle de pensée. Et cependant la pensée comme substance

simple et indivisible ne peut se porter que sur un seul objet.
Si je suis occupé à la lecture d'un livre, ma pensée, ce que
j'appelle *moi*, est tout entière à ce livre. Mais il n'en est pas
ainsi d'après le système du matérialiste. Il dit que la pensée
dépend de la matière qu'on sait être divisible à l'infini ; la
pensée qui en dépend selon lui, est donc aussi divisible à l'infini ; elle doit se multiplier autant qu'il y a de parties dans la
matière divisée ; néanmoins le matérialiste comme les autres
hommes, n'a qu'une pensée sur le même sujet. Quand il réfléchit sérieusement à une chose, toutes les parties qui composent
son être sont à cette chose, et non pas ailleurs. Comment con-
cilier cela? Un homme ayant tout à la fois des millions de
pensées et n'en ayant aussi qu'une seule !

Il pourrait se faire, dit le matérialiste, que la pensée divisée habitât différentes parties du corps. Mais qu'arriverait-il
alors ? C'est que chez le même individu, une émotion se ferait
sentir dans une partie, tandis qu'une autre partie n'éprouve-
rait rien. Ainsi supposez qu'une partie fut dans la tête et
l'autre dans les membres : si la tête était menacée de quelque
danger, les derniers devraient l'ignorer, puisqu'ils n'auraient
pas la même pensée ; et cependant ils s'empressent de lui porter secours : ils connaissent donc le danger, donc la même
pensée les anime. Si c'est quelque partie qui a spécialement le
privilége de penser, cette partie est elle-même certainement
divisible, puisqu'elle est matière. D'ailleurs si on voulait pour-
suivre ce raisonnement, on serait forcé d'avouer que la pensée
est susceptible de différentes formes qu'il y en a de longues, de
profondes, de carrées, etc. Quelle absurdité ! Jamais le matérialiste au plus fort de son délire, s'écrie un auteur, n'a osé
dire la moitié ou le quart de ma pensée, le premier ou le se-
cond instant de mon jugement, un pouce ou un pieds cube de
raisonnement, un morceau ou une fraction de volonté.

La pensée n'est point un attribut de la matière; car si cela
était, on ne pourrait concevoir l'une sans l'autre. Cependant
nous concevons très bien la matière sans la pensée, puisque
nous sommes environnés d'une multitude presque infinie de
corps inanimés et non pensants. La pensée n'est pas non plus

une modification de la matière essentiellement divisible. Si on partage un corps, chaque partie divisée emporte sa partie de grandeur, de pesanteur, et sa configuration particulière. Mais toutes ces particules de matières n'emportent point leur partie de pensée, car la pensée étant une substance simple et indivisible ne peut pas subir les modifications de la matière. Mais admettons un instant l'hypothèse : quelle sera cette modification pensante de la matière? C'est sans doute le mouvement qui, d'après les matérialistes, communique la pensée à la matière, en excitant une commotion dans le fluide nerveux. Mais le mouvement n'est pas immatériel, puisqu'on ne peut le concevoir sans être appliqué à un corps; la matière ne peut point agir sur d'autres corps qui lui ressemblent. Le mouvement ne peut donc pas produire la pensée. Et la preuve que le mouvement n'est pas une substance simple, c'est que si on le sépare de la matière, il n'a plus de réalité, il n'est plus qu'une abstraction, tandis que la pensée n'a pas besoin de la matière pour exister.

Nous insistons sur cette preuve parce que c'est là le champ de bataille des médecins matérialistes. Broussais n'a-t-il pas dit dans son ouvrage *de l'Irritation et de la Folie* : « La dépendance entre l'appareil cérébral et les phénomènes ne saurait s'expliquer avec l'hypothèse d'une cause intelligente non nerveuse, parce que le modèle de cette cause n'existe nulle part, et qu'il n'est pas possible d'admettre que ce qui n'est pas corps puisse exercer de l'action sur ce qui est corps. »

La comparaison d'une substance simple pensante et des lois du mouvement étant établie, qu'en résulte-t-il? C'est que la matière ne peut penser. En voici la preuve. Nous pensons, rien de plus certain; mais si la pensée n'est que le résultat des mouvements du fluide nerveux, il faut nécessairement qu'il y ait des mouvements rétrogrades puisque nous revenons et que nous nous arrêtons à notre gré sur nos pensées. Comment expliquer cela? Le mouvement qui, selon les matérialistes, nous communique la pensée, n'est que transitoire, c'est-à-dire qu'il avance toujours sans jamais s'arrêter. Il est comme ce corps sphérique qui roule sans cesse en avant, une fois l'impulsion donnée. Cependant malgré ce prétendu mouvement d'où découle notre pensée, nous nous arrêtons dans le présent, nous pénétrons dans l'avenir, et nous revenons sur le passé. Mais d'après le système énoncé, nous devrions marcher toujours dans de nouvelles idées sans jamais revenir sur les mêmes, comme le corps sphérique qui, lancé sur un terrain incliné, ne s'arrête point et ne revient point sur ses pas. D'ailleurs le mouvement est toujours actuel; par conséquent nous devrions toujours vivre dans le présent, jamais dans le passé. Cependant nous voyons et nous éprouvons souvent le contraire fort heureusement. Que deviendraient les hommes et la société tout entière, si on perdait le souvenir de tout à mesure que la main du temps nous pousse dans le chemin de la vie? Voilà néanmoins la conséquence rigoureuse de ce système. Mais le mouvement ne produira jamais la pensée : car il est autant au-dessus des forces du mouvement de produire la pensée, qu'il est au-dessus des forces du néant de produire la matière.

On dira peut-être que c'est le corps qui imprime le mouvement à un autre corps. C'est parfaitement vrai. Mais celui des deux corps qui donne l'impulsion à l'autre finit par perdre toute sa force : quand une boule d'ivoire mise en action va en frapper une autre, la première en donnant l'impulsion à la seconde perd autant de son activité qu'elle en communique. Si donc la pensée est le résultat du mouvement, elle doit perdre de sa force à mesure que le mouvement est affaibli. Mais notre conscience, notre sens intime, nous apprennent que loin d'exciter la pensée, c'est le mouvement qui est excité par elle. Voilà pourquoi le principe actif qui réside en nous conserve toujours sa force.

La matière par sa nature est indifférente au mouvement et au repos, puisqu'on peut très bien la concevoir dans les deux cas. Or elle est mise en mouvement : il faut donc supposer une cause, une substance différente de la matière, et cette substance n'est autre que notre âme, notre esprit. Jean-Jacques Rousseau disait : « Je sens que ma partie matérielle est inactive, et je sens que je puis me mouvoir; de là je conclus que j'ai un principe différent de la matière. »

Voici encore une autre question qui fournit beaucoup d'arguments aux médecins matérialistes, c'est la sensation. Ils disent que tout est sensation dans l'homme, et qu'il n'a pas d'autre faculté que celle-là qui est purement matérielle. Mais la sensation n'est pas purement matérielle; elle est tantôt physique et tantôt spirituelle : physique, en ce qu'elle fait connaître à l'esprit les choses corporelles; spirituelle, en tant qu'elle est faculté de l'esprit. Les matérialistes disent que la sensation requiert trois choses pour exister : 1° l'objet extérieur; 2° l'impression que fait sur les nerfs cet objet extérieur; 3° l'ébranlement du cerveau. Sans ces trois choses, il n'y a point de sensation physique, c'est vrai, et nous sommes d'accord avec les matérialistes; mais nous reconnaissons encore, et voilà ce qui nous sépare d'eux, qu'il faut de plus l'idée qui est occasionnée dans l'âme par l'ébranlement cérébral. Le cerveau agité par la fibre éveille l'idée, mais il n'est pas le siége de la sensation; c'est l'âme qui porte le germe de toutes les idées. Le cerveau fait sentir, mais il ne sent pas.

Ce n'était pas tout-à-fait ainsi que pensait Cabanis; voici les paroles de ce médecin : « Le cerveau est l'organe particulier destiné à produire la pensée, comme l'estomac et les intestins à faire la digestion. Les aliments tombent dans l'estomac avec leurs qualités propres et en sortent avec des qualités nouvelles. L'estomac digère. Ainsi les impressions arrivent au cerveau par l'entremise des nerfs; ce viscère entre en action, il agit sur elles et bientôt les renvoie métamorphosées en idées : d'où nous pouvons conclure avec la même certitude que le cerveau digère, en quelques sorte, les impressions et fait organiquement la sécrétion de la pensée (1). »

Voilà bien, s'écrie le docteur Debreyne, le matérialisme le plus cru et le plus dégoûtant. Il est difficile de contenir l'indignation que doit exciter dans tout homme honnête et sensé le passage de cet étrange philosophe. Est-il possible d'outrager ainsi l'humanité tout entière dans ce qu'elle a de plus

(1) Cabanis, *Rapports du physique et du moral de l'homme*, tome I, page 152.

noble, ou plutôt dans ce qui fait toute sa noblesse? Comment se jouer à ce point du sens commun, insulter avec un pareil sang froid à la conscience du genre humain! En vérité, si quelque chose pouvait infirmer les preuves sans réplique de la spiritualité de l'âme, ne serait-ce pas la complète déraison des écrivains matérialistes?

Les doctrines de Cabanis, Georget, Broussais et leurs sectateurs sont savamment réfutés par M. Frayssinous dans ses *conférences*. Ecoutez ce savant logicien : « Faire du cerveau une machine à pensées, quoi de plus étrange! En effet, vous me dites que le cerveau digère les impressions qui lui sont transmises; mais des impressions faites sur les organes ne peuvent être que des impressions, des dilatations, des vibrations, des déplacements de parties matérielles, en un mot des mouvements. Ainsi dire que le cerveau digère les impressions, c'est dire qu'il digère des mouvements. Fut-il jamais une manière plus barbare de penser et de s'exprimer? Vous ajoutez qu'il en est du cerveau par rapport aux impressions, comme de l'estomac par rapport aux substances nutritives; mais soyez conséquent, et poussez la comparaison jusqu'au bout. Que fait l'action de l'estomac? Elle transforme les aliments qu'il reçoit; mais les qualités qu'il leur donne ne sont pas incompatibles avec un être matériel, et n'empêchent pas qu'ils ne restent dans la nature des substances matérielles. Donc il faudrait dire que l'action du cerveau en changeant, en modifiant les mouvements qui lui parviennent, les laisse toujours dans leur état de mouvements. Donc il n'en résulterait jamais que du mouvement, et il est certain que le mouvement ne peut jamais être la pensée. »

Mais revenons à la sensation pour en finir avec le système des matérialistes. Nous convenons avec eux que trois choses sont nécessaires pour qu'il y ait sensation : l'objet extérieur, l'impression faite sur les nerfs par cet objet, et l'ébranlement du cerveau. Mais tout cela ne suffit pas; il faut aussi admettre l'idée ou la perception de l'objet extérieur sans laquelle il n'y a point de sensation. Et la preuve de ceci, c'est qu'un homme endormi a le cerveau ébranlé sans qu'il éprouve de sensation.

Où siège donc la perception? Ce n'est pas dans l'objet extérieur, puisque la perception est une vision intime et qu'elle
ne peut être frappée par les corps. Ce n'est point dans l'ébranlement cérébral, car alors reviendraient toutes les difficultés
opposées pour la production de la pensée par le mouvement.
Ce n'est pas non plus dans la fibre cérébrale; car la fibre étant
matérielle et par conséquent divisible à l'infini, la perception
qui serait renfermée tout entière dans chacune de ses parties
serait divisible à l'infini, et nous aurions des millions de per-
ceptions à la fois, ce qui est faux et absurde, puisque en con-
sidérant un objet nous ne le voyons que sous une seule forme.
La perception a donc son siége dans l'âme.

La sensation n'est pas la seule faculté de l'âme, comme le prétendent certains matérialistes; nous en avons beaucoup d'autres, telles que: le jugement, la comparaison, la réflexion, etc.
Souvent le même objet nous fait éprouver plusieurs sensations, et nous aimons à les comparer. C'est ainsi que le même
fruit affecte le goût, la vue, le tact. Nous examinons la cause
de tous ces effets, et le moyen que nous employons qui est la
comparaison, ne peut être que l'esprit substance simple. Si le
principe qui reçoit ces diverses sensations était composé, elles
seraient reçues dans différentes parties à la fois, et même chaque partie devrait les recevoir; car enfin pourquoi seraient-
elles reçues dans une plutôt que dans l'autre? Il n'y aurait
aucune raison pour cela. Et si les sensations sont ainsi divi-
sées, comment seront elles réunies pour être comparées? Nous
faisons un usage fréquent de la comparaison; mais si les sensations étaient disséminées dans tant de parties, nous ne
pourrions pas le faire; donc elles sont réunies dans un principe
simple qui est l'esprit.

Nous avons donc en nous un principe simple, pensant, bien
distinct de la matière. Si les idées nous venaient par les sens,
comment expliquerions-nous les idées incorporelles, telles que
vertu, probité, honneur? Et le *moi*, cette conscience intime
de notre existence, cette production de l'idée de notre idée,
nous vient-elle des sens? Quand nous avons la conscience de
nous-même, est-ce que nous éprouvons une sensation?

Certains matérialistes prétendent que la mémoire n'est qu'une substance continuée. Nous admettons avec eux des sensations continuées, c'est-à-dire cet ébranlement des nerfs qui subsiste encore après qu'on a cessé d'entendre un bruit quelconque. C'est ainsi qu'on entend le tintement d'une cloche, longtemps même après qu'elle a cessé de se balancer dans les airs. Mais on ne peut pas dire que la mémoire soit une sensation toujours continuée; car on se souvient d'avoir entendu autrefois un bruit qu'on entend plus dans le moment présent. Pour qu'il y ait sensation, il faut que les sens soient frappés : mais supposons que nous ayons depuis longtemps entendu le bruit d'un canon, l'impression faite sur nos sens n'existe plus; la mémoire n'est donc pas une sensation continuée, elle est une substance simple. Si elle était une sensation continuée, nous devrions avoir tous nos souvenirs dans un ordre chronologique et les rappeler nécessairement. Cependant combien de fois nous tourmentons-nous l'esprit à chercher des idées qui ne s'offrent à nous qu'au moment où nous ne songions plus à les trouver ?

Mais arrêtons-nous; c'est assez disserté pour prouver la spiritualité de l'âme, vérité aussi simple que l'existence de Dieu démontrée par la seule idée qu'on en a. Nous avons l'idée de Dieu, donc il existe, puisqu'on ne peut concevoir une chose impossible. De même nous dirons : nous avons l'idée d'une substance simple, indivisible, donc nous existons substance simple, indivisible, puisque nous en avons l'idée.

Il nous resterait maintenant à prouver la liberté et l'immortalité de ce principe immatériel qui domine nos sens. Sans liberté il n'y a plus de vertu, plus de morale, plus de mérite; sans immortalité il n'y a plus de sanction pour le bien ni contre le mal. Il serait trop long et inutile d'entrer ici dans de nouvelles considérations méthaphysiques. Au sujet de la liberté de l'âme, nous allons citer le jugement d'un homme qui ne sera pas suspect, c'est celui de Jean-Jacques Rousseau. « Il est donc vrai, s'écrie ce philosophe, que l'homme est le roi de la nature, au moins sur la terre qu'il habite, car non-seulement il dompte tous les animaux, non-seulement il dispose des élé-

ments par son industrie, mais lui seul sur la terre en sait dis-
poser, et il s'attribue encore par la contemplation les astres
même dont il ne peut approcher. Qu'on me montre un animal
sur la terre qui sache faire usage du feu et qui sache admirer
le soleil. Quoi! je puis observer, connaître les êtres et leurs
rapports, je puis sentir ce que c'est qu'ordre, beauté, vertu;
je puis contempler l'univers, m'élever à la main qui le gou-
verne; je puis aimer le bien, le faire, et je me comparerais
aux bêtes! Ame abjecte, c'est ta triste philosophie qui te rend
semblable à elles: ou plutôt tu veux en vain t'avilir; ton génie dépose contre tes principes, ton cœur bienfaisant dément
ta doctrine, et l'abus même de tes facultés prouve leur excellence en dépit de toi (1). »

Voici maintenant ce que dit ce même auteur au sujet de
l'immortalité de l'âme : « Quand je n'aurais d'autre preuve de
l'immortalité de mon âme que le triomphe du méchant et
l'oppression du juste en ce monde, cela seul m'empêcherait
d'en douter. Une si choquante dissonnance dans l'harmonie
universelle me ferait chercher à la résoudre : je me dirais :
tout ne finit pas pour moi avec la vie; tout rentre dans l'ordre à la mort. »

Il ne peut y avoir de Dieu sans justice, ni de justice sans
récompense pour la vertu, sans châtiment pour le vice. On
voit souvent un heureux scélérat triompher de la vertu sur la
terre, faire taire les reproches de sa conscience par l'habitude
du crime, mener une vie pleine de jouissance et de bonheur
au sein des plaisirs et de la fortune. D'un autre côté on voit
souvent l'homme innocent et vertueux accablé sous le poids
de l'injustice, de la violence et de la misère la plus affreuse.
Mais s'il y a un Dieu, comme nous ne pouvons nous empêcher
de le croire, pouvons-nous dire sans blasphémer que ces deux
hommes auront le même sort? N'y aurait-il donc entre eux
aucune différence aux yeux du grand Juge? S'il en était ainsi
Dieu serait l'injustice personnifiée. Mais la justice est le premier attribut de cette existence suprême que nous sommes
forcés de reconnaître.

(1) Emile. I. IV.

La liberté et l'immortalité, voilà donc les plus beaux apanages de l'âme humaine. L'homme est né libre, c'est pourquoi il pratique les vertus les plus sublimes, et qu'il commet aussi les crimes les plus atroces et les plus réprouvés; c'est parce qu'il est libre, qu'il est récompensé ou puni même sur la terre. La liberté et l'immortalité sont la sauvegarde de l'ordre et des sociétés; elles nous font connaître nos droits, nos devoirs et nos espérances.

« Plus l'homme est libre, dit le docteur Devay (1), c'est-à-dire plus il est soustrait aux influences extérieures qui oppriment l'élan de sa nature morale, plus il se sent porté au bien. Mais sa liberté, comme les grandes conquêtes, est le prix de nombreux efforts. La philosophie, que nous devons considérer comme une belle introduction à l'étude des dogmes religieux, affirme cette vérité, mais ne donne nullement les moyens de parvenir à cette sérénité de l'âme où il n'y a place que pour les généreux mobiles. Le Christianisme pose des règles sûres, trace un plan de conduite invariable, et ordonne l'éducation des sens par le moral et non celle du moral par les sens. Et, chose remarquable et bien consolante à la fois, malgré la contradiction manifeste de leurs actes, tous les hommes tombent d'accord sur ce point. Demandez-leur quel est le premier des biens, fort peu vous répondront : c'est la santé : mais presque tous vous diront c'est l'honneur, ou, en d'autres termes, l'accomplissement intégral des obligations de conscience. Donc ils savent fort bien mettre à sa place et bien au-dessus de leurs organes périssables, ce *quelque chose*, selon Bossuet, qui dans eux n'appréhende pas la corruption. »

L'histoire nous fournit encore des arguments sans réplique. Avant d'avoir l'Évangile pour sa sauvegarde, l'humanité offrait pourtant quelquefois le spectacle de vertus sublimes, d'héroïques dévouements; mais ces vertus, ces actes dévoués reposaient toujours sur les habitudes de tempérance et de sobriété qui étaient en honneur dans la pratique de la vie civile. Le commencement de la république romaine a été remarqua-

(1) Devay. *Physiologie humaine.*

ble par une belle collection d'actes commis par ses austères citoyens, et qui n'ont pas d'autre source. Ici, c'est Coriolan, dont le cœur rempli de fiel et de ressentiment, se laisse attendrir par sa mère et renonce à ses projets de vengeance ; ailleurs, c'est Manlius Torquatus, qui oublie la dureté de son père pour voler à son aide ; là c'est Décius, qui offre son corps aux javelines ennemies pour assurer la victoire à son pays ; plus loin, c'est Régulus, dont la grande âme ne peut se résoudre à violer la foi jurée, même à des ennemis suspects. Ces traits admirables disparaissent bien vite de la république, à mesure que le luxe s'y déploie avec son cortége de vices et de débauches. Pour retrouver la sublimité morale, il faut traverser une longue période, tissue de crimes et d'infamies avant de contempler l'aurore de la société chrétienne, avec laquelle fleurirent toutes les vertus.

Quant à l'immortalité de l'homme, tout le prouve dans son être ; mais c'est surtout son intelligence. Jetez un coup d'œil sur le reste de la nature, et voyez ce qui se passe. Suivez la gradation des êtres : la plante meurt, se dessèche sur sa tige, sans sentir et sans connaître qu'elle meurt, l'animal meurt lui aussi, il sent qu'il va mourir, mais il ne le sait pas ? Il n'a pas étudié la mort, il n'a pas sondé les profondeurs et les ténèbres de la tombe ; il n'a été ni en de-çà, ni au-delà du sépulcre ; il meurt sans le savoir et tout est fini. Pourquoi cela ? C'est qu'il n'a pas à rendre compte de sa vie. Il n'avait qu'une mission instinctive à remplir, et voilà pourquoi sa vie s'est entièrement épuisée dans la mort. Mais en est-il de même de l'homme ? Assurément non, lui aussi meurt, il le sent et il le sait. Il connaît la mort parce qu'il a connu la vie ; et celle-ci, il ne l'a connue que par son esprit qui est simple, indivisible, et par conséquent immortel par sa nature. D'ailleurs comment Dieu voudrait-il anéantir à jamais cet être privilégié sur le front duquel il a placé le trône de l'intelligence ? Comment Dieu voudrait-il anéantir le sentiment de ce cœur dont chaque battement a été un soupir d'amour et de reconnaissance par ses bienfaits, un désir de gloire, une inspiration héroïque ? Voyez le guerrier sur le champ de bataille ; il ne se bat pas comme une machine ; l'honneur de son pays, sa propre gloire, soutiennent et enflamment seuls son ardeur dans la mêlée. Et l'homme de lettres, le philosophe, travaillent-ils seulement pour la matière, et leur génie doit-il subir la même destinée que leur corps? Qui oserait le dire? Tout cela prouve donc que l'homme est immortel.

L'homme est libre et immortel, et ce sont là ses plus belles prérogatives, nous venons de le voir. Eh bien ! le matérialisme, lui, que fait-il? Il nous dit que cette liberté et cette immortalité que nous nous vantons de posséder, ne sont que des chimères; il nous assimile aux animaux qui n'ont d'autre destinée que de vivre et mourir. Mais alors qu'est-ce que les sociétés? Pourquoi des gouvernements et des lois, des religions et des autels? Tout cela n'est donc que de la tyrannie et de la superstition dont il faut faire justice. Si nous ne sommes que des animaux, personne au ciel ni sur la terre n'a le droit de nous imposer ses volontés ou ses châtiments : la volonté du plus fort doit être la meilleure, puisque nous accomplissons une destinée à travers la vie des sens.

Si nous ne sommes que matière, nous n'avons pas des devoirs et des droits dans ce monde, ni des espérances dans un autre, puisque nous n'avons pas ces deux facultés qui nous distinguent du reste des animaux, la liberté et l'immortalité. Pourquoi donc nous soumettons-nous aux pouvoirs et aux religions, dès lors que ces deux choses n'ont été inventées que pour le tourment physique et moral des hommes? C'est pourtant là la conséquence du matérialisme.

Il est vrai qu'on a essayé de mettre en pratique ces théories de renversement et de brisement. On sait ce qui est arrivé. Il n'est pas encore éloigné de nous ce temps de lugubre mémoire où l'athéisme et le matérialisme faillirent dévorer un grand peuple. Une philosophie brutale et sans pudeur ouvrit la porte à ces deux monstres sortis de l'enfer, et ils se précipitèrent avec rage sur la société dont ils ne tardèrent pas à se disputer les lambeaux ensanglantés. Le crime et la débauche tenaient leurs assises sur les places publiques;

leurs sentences de mort frappaient indistinctement l'innocent et le coupable ; chaque jour était marqué par une
hécatombe humaine. Les prisons recevaient une population
de captifs, et les échafauds une population de condamnés.
On traînait dans les cachots au nom de l'indépendance ;
on incendiait au nom de la paix et de l'union : on tuait au
nom de l'humanité : tout était crime, excepté le crime
même, et tous les crimes se commettaient au nom de la
vertu. A défaut de vivants, on s'attaquait aux morts ; les
tombeaux étaient horriblement profanés, et les cendres des
morts jetées au vent. Les temples et les autels n'étaient
qu'un monceau de ruines. Le génie de la destruction et de
la mort semblait régner en souverain sur les débris de
l'ordre social et de l'humanité.

Voilà cependant ce que nous a valu cette philosophie matérialiste du XVIII° siècle, et qui voulait essayer encore de pousser
des racines dans notre société du XVIV° siècle. Nous avons déjà
vu les efforts qu'ont fait naguère quelques hommes célèbres pour
faire prévaloir ces doctrines immorales et dangereuses. On
matérialisa tout et on détruisit tous les principes d'action morale. On ne reconnut dans les idées et dans l'homme moral
tout entier, que des sensations. On décida, comme l'a dit éner-
giquement un des génies les plus remarquables de notre époque, que l'homme ne serait qu'une mécanique de plus dans le
grand mécanisme de l'univers ; que ses facultés ne seraient que
des rouages, sa morale un calcul, et sont culte le succès.
(Mme de Staël.)

Le matérialisme, en effet, a une bien funeste influence
sur les peuples qui prêtent l'oreille à ses doctrines ; il
endort les sociétés dans les réseaux de fer d'une civilisation
matérielle ; il leur enlève leur âme pour leur donner une
existence toute mécanique. L'argent et le plaisir sont ses
dieux à l'ordre du jour, et c'est sur l'autel de ces divinités
qu'il fait sacrifier souvent l'honneur, la gloire et la vertu,
ce feu sacré qui entretient seul la vie des peuples. Il avilit
le drame, le roman, la littérature, et abaisse le thermomètre
des consciences. Si malheureusement son influence venait à

prédominer encore, il nous ferait rétrograder vers le milieu du XVIII° siécle, où la société était abrutie par les jouissances matérielles, à cette époque où l'on voyait se dérouler les vices sales d'une multitude corrompue, et les déréglements de grands seigneurs dépravés.

La révolution, il est vrai, a changé la physionomie physique et morale de cette société gangrénée ; les vieilles mœurs populaires ont fait fusion avec celles de l'ordre plus élevé, et cette fusion, en détruisant les disparités, a produit un état de mœurs plus uniforme et plus analogue au temps moderne. Si c'était ici le lieu, nous dirions aussi les bienfaits de la révolution, après avoir retracé ses horreurs. L'égalité devant la loi (1), l'abolition des droits et des priviléges, la répartition égale des impôts, le jury, le Code des lois, voilà certes des biens inconstestables et incontestés, dont nous sommes redevables à cette grande révolution qui a remué et changé la face du monde.

Mais revenons à notre sujet, à la corruption engendrée par le matérialisme. Cette doctrine tue une société, en ce sens qu'elle énerve son esprit et son cœur, qu'elle éteint tout ce qu'il y a en elle de grand, noble et généreux, la passion de la vertu et de l'honneur. Et en effet, dès que le matérialisme s'est infiltré comme un poison dans les veines d'un peuple, il gagne peu à peu toutes les branches du corps social, la politique, les arts, les sciences, les lettres, l'industrie, en un mot tout ce qui fait la puissance d'une grande nation. Un sommeil léthargique paralyse les cœurs et les volontés ; ce sommeil, c'est l'argent, la cupidité, l'égoïsme, le plaisir des sens. Et voilà ce que c'est que le matérialisme ! Le plus dangereux ennemi des peuples, puisqu'il ne tend qu'à les abrutir et à les asservir ; l'auxiliaire le plus puissant du despotisme, puisqu'il ne fait que des esclaves.

Mais, Dieu merci, elle tend à s'éloigner de nous cette

(1) L'égalité devant la loi, c'est l'égalité devant Dieu traduite en langue politique. Toute charte doit être une version de l'Evangile. (*Victor Hugo.*)

époque de doute, de scepticisme, de matérialisme qui mena-
çait d'absorber toutes les intelligences. Comme nous l'avons
dit au début de ce travail, de toutes parts il s'opère une
résurrection morale, dont les progrès toujours croissants de
la civilisation hâtent l'avènement complet. Ce système de
destruction et de mort a été ébranlé par les métaphysiciens
modernes les plus célèbres, tels que Laromiguière, Cousin,
de Bonald, Lamennais, de Maistre, etc. Si les idées de ces
grands philosophes ne sont pas encore devenues tout à fait
populaires, elle ont du moins fortement agité les esprits, et
préparé la place à un avenir intellectuel et moral qui régé-
nérera le vieux levain des sociétés. Déjà la jeunesse a secoué
le joug des doctrines matérialistes, et elle marche à grands
pas dans les sentiers d'une métaphysique nouvelle. Dieu,
devoir, droit, liberté, voilà le drapeau des générations
modernes.

Les doctrines matérialistes que nous avons vu dépraver
les mœurs, menacer l'ordre des sociétés, nuisent aussi au
médecin dans l'exercice de son art ; elles l'empêchent de
soulager les plaies morales qui rongent l'âme et finissent
par éteindre la vie du corps, malgré toutes les ressources
habilement employées d'une thérapeutique riche et puissante.
Le médecin matérialiste qui ne voit rien au-delà de la
tombe, quelles consolations pourra-t-il donner à cet infortuné qui lui tend les bras et lui crie avec un accent dé-
sespéré : « Sauvez-moi ! je vous en conjure ne me laissez
pas mourir !... » Ce sont là les cris que font entendre également le riche et le pauvre sur leur lit de douleur. Que fera-
t-il donc le médecin qui ne croit à rien, qui ne voit qu'un
peu de matière organisée dans cette malheureuse victime
de la souffrance? Sans doute il jettera sur elle un regard
stoïque et ces désolantes paroles : « Que voulez-vous ! naître,
vivre, souffrir et mourir, telle est le triste sort de l'humanité ; il faut bien en prendre notre parti, puisque c'est
notre destinée commune. » Si le médecin matérialiste in-
terpellé par le malade, ne prononce pas toujours cette
affreuse sentence, son attitude et son silence expriment

du moins sa pensée. Le moribond ainsi délaissé devient la
proie des terribles convulsions du désespoir, et il meurt
accablé plus encore par les peines morales que par les peines
physiques ; une parole de consolation eût prolongé ses jours,
et peut-être même l'eût relevé de sa couche de douleur : cette
parole, il n'a pu l'avoir, et il tombe dans les bras de la mort
en maudissant son sort.

Quelle est différente la conduite du médecin spiritualiste,
et quelle est riche aussi en résultats de toutes sortes ! Il est
beau de contempler ce bienfaiteur de l'humanité au chevet
de la souffrance. Quand il a mis en usage les conseils de la
science, il ne croit pas pour cela avoir terminé sa mission ;
il abandonne son cœur aux élans de sa charité, et ses inspirations sympathiques vont ranimer les quelques étincelles
de vie qui résident encore au fond de l'organisation malade.

Et en effet, n'y a-t-il que le corps qui soit malade chez
l'homme dominé par les passions ? Le sentiment et l'intelligence ne sont-ils pas souvent aussi profondément lésés que
l'organisme, et le médecin ne doit-il rien faire pour soulager
les douleurs morales ? Nous pensons que c'est ici surtout que
la médecine doit employer toute l'énergie de son influence ;
sachant combien le physique agit sur le moral et le moral
sur le physique, elle ne doit point se borner à la sympto-
matologie et à la physiologie, mais elle doit aussi faire
de la morale qui souvent produit plus sur les organes mala des
que toute la thérapeutique. Le médecin n'a pas terminé sa
mission quand il a soulagé les souffrances physiques, il faut
aussi qu'il calme les souffrances morales, et celles-ci sont
plus grandes et plus cuisantes que les autres. Oui, l'homme
a une âme, et cette âme malade de passions, de désespoir,
demande une thérapeutique appropriée à son état. Il faut
à cette âme flétrie et endormie dans le vice les consolations,
l'espérance, l'encouragement. La parole du médecin est un
puissant tonique, et comme le prêtre, il doit la mettre
au service de la souffrance.

Ecoutons, en terminant, les belles paroles de M. le docteur Simon : « Le médecin, quoique ce ne soit par sa mission

spéciale, dit cet auteur (1), doit travailler à la réhabilitation morale de l'homme. Il se trouve des êtres qui, à force de crimes, ont mis des barrières entre eux et la société. Hé bien ! ces hommes sont toujours des frères pour le médecin qui souvent conserve seul des relations avec eux, car il arrive quelquefois qu'ils ne veulent point entendre parler du prêtre. Le médecin doit encourager ces pauvres âmes, les tourner vers le bien et préparer leurs cœurs à recevoir les consolations religieuses. Ce ne sont pas tant les maux physiques que les souffrances morales qui doivent occuper alors l'homme de l'art. Ces malheureux sont ses semblables, et il doit concourir de toutes ses forces à les régénérer. Répudiera-t-il lâchement cette mission, que sa noble profession, par les rapports particuliers qu'elle fait naître pour lui, impose à son dévouement? Quand le médecin verra poindre un sentiment généreux à travers les épaisses ténèbres d'une âme avilie, laissera-t-il s'éteindre ce sentiment, laissera-t-il cette âme retomber dans sa nuit profonde, plutôt que de recueillir cette étincelle précieuse, pour y rallumer le flambeau de la vie morale? Non, cela n'est pas possible. Le médecin que sa position met en contact avec la souffrance et le malheur, ne saurait s'arrêter aux douleurs physiques, il essaiera aussi de tempérer les souffrances plus grande encore de l'âme. »

---

(1) Déontologie médicale, page 473.

www.ingramcontent.com/pod-product-compliance
Lightning Source LLC
LaVergne TN
LVHW022143080426

835511LV00007B/1226